신기하고 재밌는

맹수도감

글 씨엘

차례

1. 북극곰 … 4
2. 유라시아불곰 … 6
3. 회색곰 … 8
4. 미국흑곰 … 10
5. 아시아흑곰 … 12
6. 느림보곰 … 14
7. 안경곰 … 16
8. 판다 … 18
9. 반달가슴곰 … 20
10. 에조불곰 … 22
11. 말레이곰 … 24
12. 유럽불곰 … 26
13. 아메리카검정곰 … 28
14. 사자 … 30
15. 마사이사자 … 32
16. 아시아사자 … 34
17. 케이프사자 … 36
18. 바바리사자 … 38
19. 카탕카사자 … 40
20. 북동부콩고사자 … 42
21. 세네갈사자 … 44
22. 트란스발사자 … 46
23. 모스바흐사자 … 48
24. 동굴사자 … 50
25. 여우 … 52

26. 붉은여우 … 54
27. 마블여우 … 56
28. 회색여우 … 58
29. 은여우 … 60
30. 북극여우 … 62
31. 크로스여우 … 64
32. 티베트여우 … 66
33. 페넥여우 … 68
34. 벵골여우 … 70
35. 사막여우 … 72
36. 코사크여우 … 74
37. 유라시아늑대 … 76
38. 코요테 … 78
39. 말승냥이 … 80
40. 백두산호랑이 … 82
41. 시베리아호랑이 … 84
42. 수마트라호랑이 … 86
43. 벵골호랑이 … 88
44. 말레이호랑이 … 90
45. 아모이호랑이 … 92
46. 인도차이나호랑이 … 94
47. 발리호랑이 … 96
48. 자바호랑이 … 98
49. 카스피호랑이 … 100
50. 검치호랑이 … 102

북극곰

북극권에 분포하는 곰입니다. 북극의 해안가나 툰드라 지역에 서식하지요. 흔히 '백곰'이라고 합니다. 곰과 중에서 몸집이 큰 편인데, 목이 길고 머리가 작습니다. 북극곰은 추위에 매우 강하지요. 무려 영하 40도의 강추위를 거뜬히 견뎌낸다고 합니다. 두꺼운 피부와 빽빽하게 난 털이 몸의 열 손실을 최대한 막아주기 때문입니다. 북극곰의 수컷은 몸길이가 190~250 센티미터에 달합니다. 몸무게는 300~700킬로그램까지 나가지요. 암컷은 몸길이가 170~230센티미터입니다. 몸무게는 150~400킬로그램 정도 되고요. 수컷과 암컷은 몸길이보다 몸무게에서 큰 차이를 보입니다. 북극곰은 육식성 동물입니다. 주로 바다표범, 바다코끼리, 물고기, 순록, 바닷새 등을 잡아먹지요. 북극곰은 평소 단독생활을 하지만, 번식기에는 암수가 함께 생활하며 새끼를 양육합니다.

번식기의 암컷은 한배에 1~2마리의 새끼를 낳습니다. 평균 수명은 20~30년 정도지요. 또한 북극곰은 덩치에 어울리지 않게 수영을 무척 잘하는 특징이 있습니다. 여느 곰들과 달리 겨울잠은 자지 않지요.

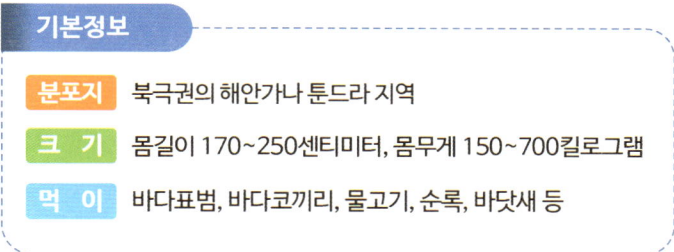

기본정보

- **분포지** 북극권의 해안가나 툰드라 지역
- **크 기** 몸길이 170~250센티미터, 몸무게 150~700킬로그램
- **먹 이** 바다표범, 바다코끼리, 물고기, 순록, 바닷새 등

유라시아불곰

유라시아 대륙에 분포하는 곰입니다. 독일, 노르웨이, 스웨덴, 덴마크, 러시아, 루마니아 등에 서식하지요. 강이 있고, 숲이 우거진 곳을 좋아합니다. 털 색깔은 대부분 갈색을 띠지요. 개체에 따라 털 색깔의 농도에 차이가 있을 뿐입니다. 유라시아불곰은 몸길이가 180~250 센티미터에 이릅니다. 몸무게는 수컷의 경우 260~450킬로그램까지 나가지요. 암컷은 150~260킬로그램 정도고요. 유라시아불곰은 겨울철이 되면 동면에 들어갑니다. 주로 바위굴이나 나무 구멍에서 잠을 자는데, 무려 4~6개월 동안 거의 움직임이 없지요. 봄이 되어 먹을거리가 풍부해져야 겨울잠에서 깨어난다고 합니다. 그러려면 동면에 들어가기 전에 영양가 풍부한 먹이를 잔뜩 먹어둬야 하지요. 주요 먹이는 물고기, 곤충, 소형 포유동물을 비롯해 식물의 열매도 즐겨 먹습니다. 유라시아불곰의 암컷은 번식기에 대개 2마리의 새끼를 낳습니다.

평균 수명은 약 30년 안팎으로 알려져 있지요. 요즘은 개체 수가 줄어들어 다양한 보호 정책이 펼쳐지고 있습니다.

기본정보

- **분포지**: 독일, 노르웨이, 스웨덴, 덴마크, 러시아, 루마니아 등
- **크 기**: 몸길이 180~250센티미터, 몸무게 150~450킬로그램
- **먹 이**: 물고기, 곤충, 소형 포유동물, 식물의 열매 등

회색곰

아메리카불곰의 아종입니다. '공포의 곰'이라는 별명으로 불리기도 하지요. 그만큼 서식 지역의 최상위 포식자로서 위압감을 뽐내는 것을 알 수 있습니다. 회색곰은 몸길이가 130~250센티미터에 이릅니다. 두 다리로 일어서면 사람 키보다 훨씬 더 큰 개체가 많지요. 몸무게는 수컷이 180~350킬로그램, 암컷은 120~190킬로그램 정도입니다. 이름으로 미루어 털 색깔이 회색만 있을 것 같지만, 실제로는 황갈색이나 잿빛 또는 검은색을 띠기도 합니다. 우람한 몸집과 달리 시속 50~60킬로미터로 빠르게 달리는 능력도 갖고 있지요.

회색곰은 캐나다, 미국 북서부, 알래스카 지역에 분포합니다. 늦가을부터 이른 봄까지 겨울잠을 자는 습성이 있지요. 시력에 비해 후각과 청각이 발달했습니다. 주로 해질 무렵 먹이 활동을 하는데 사슴, 여우, 엘크, 늑대, 물고기, 들쥐 등을 잡아먹지요. 때로는 식물의 줄기나 열매를 먹기도 합니다. 회색곰은 겨울에 번식합니다. 겨울잠을 자는 중에 새끼를 낳기도 하지요. 암컷은 보통 2마리의 새끼를 출산하는데, 어미로 완전히 성장하기까지 4~5년의 시간이 필요합니다.

기본정보

- **분포지**: 캐나다, 미국 북서부, 알래스카 지역
- **크 기**: 몸길이 130~250센티미터, 몸무게 120~350킬로그램
- **먹 이**: 사슴, 여우, 엘크, 늑대, 물고기, 들쥐, 식물의 줄기와 열매 등

미국흑곰

'아메리카흑곰', '아메리카검정곰'이라고 부르기도 합니다. 이름에서 알 수 있듯, 북아메리카에 널리 분포하는 곰이지요. 미국과 캐나다의 여러 지방에 폭넓게 서식합니다. 시속 50킬로미터 이상의 속도로 달리는 등 몸놀림이 날쌔며 나무를 잘 타지요. 언뜻 우리나라의 반달가슴곰과 비슷해 보이지만 머리 모양은 불곰을 닮았습니다. 미국흑곰은 몸길이가 130~190센티미터 정도 됩니다. 몸무게는 70~300킬로그램쯤 나가지요. 수컷이 암컷보다 몸길이도 길지만, 몸집은 훨씬 더 우람합니다. 털 색깔은 대부분 검은색이며, 흑갈색이나 짙은 청갈색을 나타내기도 하지요.

이 곰은 삼림 지역을 좋아하고, 커다란 나무 구멍이나 바위굴에 보금자리를 만듭니다. 미국흑곰의 암컷은 2~4년에 한 번 출산합니다. 겨울잠을 자면서 보통 2마리의 새끼를 낳아 2년 정도 보살피지요. 젖을 먹이는 기간만 해도 8개월 가까이 됩니다. 미국흑곰의 주요 먹이는 물고기, 곤충, 소형 동물, 동물의 사체를 비롯해 꿀, 버섯, 열매, 식물의 새순 등입니다. 동물성 먹이와 식물성 먹이를 두루 잘 먹지요. 평균 수명은 20년 안팎입니다.

기본정보

- **분포지** 미국, 캐나다
- **크 기** 몸길이 130~190센티미터, 몸무게 70~300킬로그램
- **먹 이** 물고기, 곤충, 소형 동물, 동물의 사체, 꿀, 버섯, 열매, 새순 등

아시아흑곰

우리나라에서 '반달가슴곰'이라고 부르는 곰입니다. 한국을 비롯해 일본, 대만, 인도, 미얀마, 태국, 네팔, 러시아, 이란, 아프가니스탄, 파키스탄 등에 분포하지요. 겉모습의 특징으로는 크고 둥근 머리와 작은 눈을 손꼽을 만합니다. 두꺼운 다리와 넓적한 발바닥도 눈에 띄지요. 하지만 뭐니 뭐니 해도 가슴에 초승달 모양으로 흰색 털이 난 것을 빼놓을 수 없습니다.

그 모습은 온몸이 반짝이는 검은 털로 뒤덮인 것과 대조를 이루어 매우 개성적이지요. 다만 일부 지역의 아시아흑곰은 가슴에 흰색 털이 보이지 않습니다. 아시아흑곰은 몸길이가 120~190센티미터입니다. 몸무게는 수컷이 110~150킬로그램, 암컷이 60~90킬로그램 정도지요. 번식기를 제외하고는 단독 생활을 하며, 대부분의 곰이 그렇듯 겨울잠을 자는 습성을 갖고 있습니다. 번식기의 암컷은 한배에 2마리의 새끼를 낳지만, 그보다 한 마리쯤 적거나 많을 수 있지요. 주요 먹이는 나무 열매, 풀뿌리, 죽순, 버섯, 새순, 꿀 등입니다. 종종 육식도 즐겨 곤충, 소형 동물, 짐승의 사체 등을 먹지요.

기본정보

- **분포지**: 한국, 일본, 대만, 인도, 태국, 네팔, 러시아, 아프가니스탄 등
- **크기**: 몸길이 120~190센티미터, 몸무게 60~150킬로그램
- **먹이**: 나무 열매, 풀뿌리, 죽순, 새순, 꿀, 곤충, 소형 동물, 짐승의 사체 등

느림보곰

아시아흑곰과 비슷한 외모를 가졌습니다. 스리랑카, 인도, 네팔, 파키스탄, 방글라데시, 부탄 등에 분포하지요. 특별히 스리랑카에 서식하는 것을 '스리랑카느림보곰'이라고 부르기도 합니다. 느림보곰의 털 색깔은 검은색에 가깝습니다. 일부 개체는 가슴에 흰색이나 황갈색 반달 모양의 띠가 나타나기도 하지요.

그런데 여느 곰과 달리 털이 무척 부슬부슬한 특징이 있습니다. 주둥이도 상대적으로 갸름한 편이고요. 느림보곰은 몸길이가 140~190센티미터입니다. 몸무게는 수컷이 80~150킬로그램, 암컷이 60~100킬로그램 정도 되지요. 전체적으로 아시아흑곰과 비슷한 크기입니다. 느림보곰은 번식기를 제외하고 대개 단독 생활을 합니다. 동물성 먹이보다는 식물성 먹이를 즐겨 먹는 곰이지요. 나무 열매와 줄기, 꿀, 새순, 새알을 비롯해 종종 개미를 잡아 먹기도 합니다. 특히 개미를 먹을 때는 갸름한 주둥이와 긴 혀가 큰 도움이 되지요. 육식을 즐기는 곰과 비교해 이빨은 발달하지 않았습니다. 평균 수명은 30~40년입니다.

기본정보

- **분포지** 스리랑카, 인도, 네팔, 파키스탄, 방글라데시, 부탄 등
- **크 기** 몸길이 140~190센티미터, 몸무게 80~150킬로그램
- **먹 이** 나무 열매와 줄기, 꿀, 새순, 새알, 개미 등

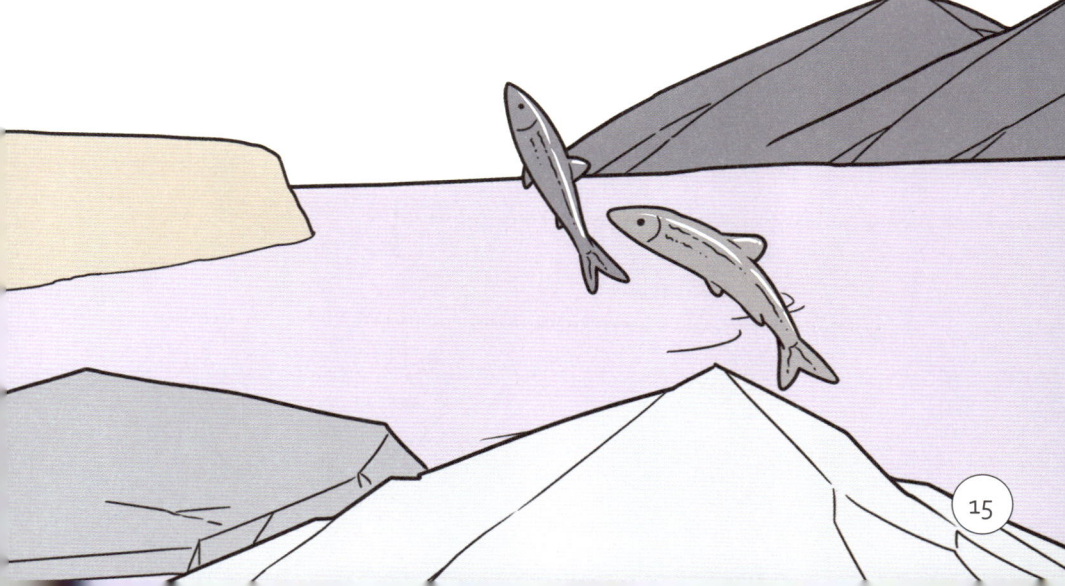

안경곰

곰 종류 가운데 몸집이 작은 편입니다. '안데스곰'이라고도 부릅니다. 몸길이는 120~180센티미터 정도지요. 몸무게는 50~150킬로그램입니다. 파나마, 콜롬비아, 에콰도르, 볼리비아, 페루 등 라틴아메리카에 분포하는 곰으로 산악지대에 서식하지요. 흔히 해발 고도 2천 미터 안팎의 고지대에서 발견되는 곰입니다.

안경곰이라는 이름은 독특한 생김새에서 비롯되었습니다. 눈 주위에 흰색 테를 두르고 있는 모습인데, 그것이 마치 안경을 쓴 것처럼 보인다고 하지요. 전체적으로 온몸에 검은색 털이 덮여 있지만 눈 주위를 비롯해 목과 가슴에 흰색 털이 무늬를 이루고 있습니다. 그 무늬는 얼핏 반원형의 고리같이 보이지요. 안경곰은 대부분 낮에 잠을 자고 새벽이나 저녁에 먹이 활동을 합니다. 잡식성이라 열매, 나뭇잎, 나무뿌리, 씨앗, 곤충, 새알, 쥐, 파충류, 동물의 사체 등을 가리지 않고 잘 먹지요. 번식기의 암컷은 한배에 1~3마리의 새끼를 낳습니다.

기본정보

- **분포지**: 파나마, 콜롬비아, 에콰도르, 볼리비아, 페루 등
- **크 기**: 몸길이 120~180센티미터, 몸무게 50~150킬로그램
- **먹 이**: 열매, 나뭇잎, 씨앗, 곤충, 새알, 쥐, 파충류, 동물의 사체 등

판다

흔히 판다라고 하면 '자이언트판다'를 가리킵니다. '대왕판다'라고도 하지요. 자이언트판다는 중국 북서부와 티베트 동부에 분포합니다. 몸에는 흰색 털과 검은색 털이 구분되어 섞여 있는데, 하얀 얼굴에 귀와 눈 주위가 검은 것이 눈에 띄지요. 그런 모습이 큰 덩치와 어울려 귀여움을 자아냅니다. 자이언트판다는 해발 고도 2천~4천 미터에 달하는 산악 지대에 서식합니다. 대나무나 조릿대가 우거진 환경을 좋아하지요. 주로 죽순과 대나무 잎을 즐겨 먹으며, 버섯이나 나무뿌리 등도 먹이로 삼습니다. 가끔 꿀, 새알, 곤충 등도 먹고요. 자이언트판다의 몸길이는 120~170센티미터입니다. 몸무게는 70~160 킬로그램 정도지요. 체형은 여느 곰과 비슷한데, 앞발에 5개의 발가락 외에 '엄지손가락'이라고 불리는 뼈가 있습니다. 이것은 대나무 등을 쥐고 먹을 때 큰 도움이 되지요. 자이언트판다는 겨울잠을 자지 않습니다.

자이언트판다 외에 몸집이 훨씬 작은 '래서판다'라는 것이 있습니다. 이것은 미국너구리과로 분류하기도 하는데, 엄지손가락을 가진 점 등 자이언트판다와 꽤 닮은 모습입니다.

기본정보

- **분포지** 중국 북서부, 티베트 동부
- **크 기** 몸길이 120~170센티미터, 몸무게 70~160킬로그램
- **먹 이** 죽순, 대나무 잎, 버섯, 나무뿌리, 꿀, 새알, 곤충 등

반달가슴곰

가슴에 반달 모양의 무늬가 있는 곰입니다. 그런데 개체에 따라 반달 모양의 크기와 선명도가 다르며, 아예 없는 것도 있지요. 어느 경우든 온몸이 윤기 나는 검은색 털로 덮여 있고, 이마가 넓으면서 주둥이가 뾰족한 편입니다. 반달가슴곰은 중국 북동부와 러시아 연해주 등에 주로 분포하지요. 한때 우리나라에도 많이 서식했지만, 밀렵이 심해지면서 그 수가 크게 줄어 들었습니다. 반달가슴곰은 후각과 청각이 매우 발달한 동물입니다. 또한 머리도 영리해 효율적으로 먹이 활동을 하지요. 숲이 우거진 산림에 살면서 머루, 다래, 산딸기, 도토리, 식물의 어린 싹과 잎 등을 즐겨 먹습니다. 아울러 물고기와 곤충, 벌레 따위도 잡아먹지요. 야생벌의 벌집과 꿀, 새알 등도 반달가슴곰이 좋아하는 먹이입니다. 반달가슴곰은 7개월 정도의 임신 기간을 거쳐, 이른 봄 2마리의 새끼를 낳습니다. 처음 태어난 새끼는 20센티미터 정도밖에 안 되지만 머지않아 2미터 가까이 자라나지요.

또한 반달가슴곰은 해마다 나무굴이나 동굴에서 겨울잠을 자는 특별한 습성을 갖고 있습니다.

기본정보

- **분포지** 우리나라를 비롯해 중국 북동부와 러시아 연해주 등
- **크 기** 몸길이 2미터 안팎, 몸무게 100킬로그램 안팎
- **먹 이** 도토리, 머루, 다래, 산딸기, 물고기, 곤충, 벌레, 꿀, 새알 등

에조불곰

유럽불곰보다 몸집이 크고 털 색깔이 짙습니다. 에조불곰의 털은 검은색이 섞인 갈색이지요. 유럽불곰의 아종으로 분류되는데, 주로 일본 홋카이도에 분포합니다. 그곳은 에조사슴의 서식지로도 잘 알려져 있지요. 아마도 홋카이도 지역이 훌륭한 자연 환경을 갖췄기 때문에 사슴이나 곰 같은 야생 동물이 다양하게 존재할 것입니다. 에조불곰은 몸길이 2~2.3미터, 몸무게 150~300킬로그램에 이를 만큼 거대한 몸집을 자랑합니다. 성질도 사나워 자기들끼리 싸우다가 상처를 입는 경우가 잦지요. 몸집이 커서 얼핏 둔해 보이지만 동작이 제법 민첩합니다. 시속 40킬로미터에 가까운 속도로 내달릴 수 있다고 하니까요. 또한 청각, 시각, 후각 같은 감각 기관이 발달해 먹이 활동에 큰 도움이 됩니다. 겨울잠을 자는 습성은 여느 곰들과 똑같지요. 에조불곰은 번식기를 제외하고 대부분 단독 생활을 합니다.

나무 열매와 나무줄기 같은 식물성을 비롯해 물고기, 곤충, 새알 같은 동물성 먹이도 즐겨 먹지요. 암컷은 7~8개월의 임신 기간을 거쳐, 겨울잠을 자는 곳에서 1~3마리의 새끼를 낳습니다.

기본정보

- **분포지** 일본 홋카이도 등
- **크 기** 몸길이 2~2.3미터, 몸무게 150~300킬로그램
- **먹 이** 나무 열매, 나무줄기, 물고기, 곤충, 새알 등

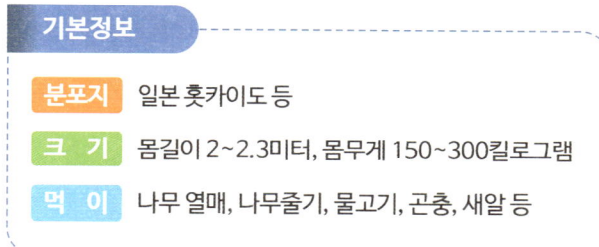

말레이곰

인도 북부와 중국 남부를 비롯해 동남아시아 여러 나라의 열대우림에 분포하는 곰입니다. '태양곰'이라는 별명으로 불리기도 하지요. 곰과의 동물 중 몸집이 가장 작아 몸길이가 1.1~1.5미터밖에 되지 않습니다. 몸무게는 25~70킬로그램 정도고요. 하지만 몸이 다부지고, 혀의 길이가 20센티미터를 넘을 만큼 긴 특징이 있지요. 말레이곰은 기다란 혀를 이용해 벌집의 꿀을 핥거나 덤불 속 곤충을 잡아먹는 등 효율적인 먹이 활동을 합니다. 그 밖에 앞발에 있는 5개의 크고 예리한 발톱도 먹이 활동에 큰 도움이 되지요. 말레이곰은 여느 곰들과 다르게 겨울잠을 자지 않습니다. 이것은 주요 서식지의 따뜻하거나 무더운 기후와 연관이 있지요. 또한 밤에 주로 활동하기 때문에 낮에는 보금자리에서 잠을 자거나 휴식을 취합니다. 평소에는 단독 생활을 하며, 번식기에 한 마리의 수컷과 한 마리의 암컷이 짝을 이루지요.

암컷은 3달 남짓한 임신 기간을 거쳐 1~2마리의 새끼를 낳습니다. 주요 먹이는 열매, 씨앗, 곤충 등을 먹지요. 특히 '꿀곰'이라고 불릴 만큼 꿀을 좋아합니다.

기본정보

- **분포지** 인도 북부, 중국 남부, 동남아시아
- **크 기** 몸길이 1.1~1.5미터, 몸무게 25~70킬로그램
- **먹 이** 열매, 씨앗, 곤충, 꿀 등

유럽불곰

스칸디나비아, 동유럽, 러시아를 비롯해 서아시아와 중동 일부 지역에도 분포하는 곰입니다. 오랫동안 유럽의 자연 생태계에서 먹이사슬 맨 꼭대기에 군림하던 동물이지요. 북극곰이 극지방으로 건너간 유럽불곰의 후손이라는 설도 있습니다. 유럽불곰은 하천이 있는 산림 지대에서 주로 서식합니다. 어류를 비롯해 초식동물과 새, 곤충 등을 쉽게 사냥할 수 있기 때문이지요. 그 밖에도 이 동물은 다양한 열매와 식물의 씨앗, 꿀까지 먹어치우는 왕성한 잡식성 식욕을 자랑합니다. 늦가을 무렵 굴이나 나무 구멍 속에서 겨울잠에 들어가 이듬해 봄에 깨어나는 습성도 갖고 있지요. 유럽불곰의 털 색깔은 검은색, 흑갈색, 적갈색 등으로 조금씩 차이를 보입니다. 피하지방이 두껍고 털이 길어 유럽의 추운 날씨를 견디기 안성맞춤이지요. 특히 10센티미터 가까이 자라는 발톱이 단단하고 날카로워 사냥을 하기 편리합니다.

멧돼지와 맞서 싸워도 이길 만큼, 발톱이 강력한 무기가 되지요. 유럽불곰은 몸길이 1.5~2.8미터, 몸무게 120~350킬로그램의 커다란 몸을 가졌습니다. 번식기에는 한배에 보통 2마리의 새끼를 낳으며, 평균 수명은 30년 안팎입니다.

기본정보

- **분포지**: 스칸디나비아, 동유럽, 러시아 및 서아시아와 중동 일부 지역
- **크 기**: 몸길이 1.5~2.8미터, 몸무게 120~350킬로그램
- **먹 이**: 어류, 토끼, 사슴, 새, 곤충, 열매, 씨앗, 꿀 등

아메리카검정곰

북아메리카에 분포하는 곰입니다. '아메리카흑곰' 또는 '아메리카곰' 이라고도 하지요. 몸집은 몸길이 1.5~1.9미터, 몸무게 100~230킬로그램 정도 됩니다. 온몸이 검은 털로 덮여 있는데, 서식하는 자연 환경에 따라 청색이나 갈색 털이 섞이기도 하지요. 아메리카검정곰은 겉모습과 달리 동작이 재빨라 시속 50킬로미터로 달릴 수 있습니다. 점프력이 뛰어나며, 수영과 나무타기도 잘하지요. 주로 나무가 우거진 산림에 서식하고, 커다란 나무 구멍이나 수풀 속에 보금자리를 만듭니다. 겨울잠을 잘 때도 굴보다 나무 구멍을 좋아하는 것으로 알려졌지요. 또한 아메리카검정곰은 대부분 낮에 먹이 활동을 합니다. 잡식성 동물로 작은 동물, 물고기, 열매, 나뭇가지, 나무뿌리, 벌꿀, 곤충, 버섯 등을 가리지 않고 먹지요. 심지어 동물의 사체도 먹어치웁니다.

현재 아메리카검정곰은 개체 수가 빠르게 줄어들어 국제적 보호종으로 지정되어 있습니다. 야생 상태에서 평균 수명은 25년 안팎이라고 합니다.

기본정보

- **분포지**: 북아메리카의 캐나다, 미국
- **크 기**: 몸길이 1.5~1.9미터, 몸무게 100~230킬로그램
- **먹 이**: 작은 동물, 물고기, 열매, 나뭇가지, 나무뿌리, 벌꿀, 곤충, 버섯 등

사자

흔히 '동물의 왕'으로 불리는 최고의 맹수입니다. 커다란 몸집에 두툼하고 힘이 센 발, 날카로운 발톱과 강력한 이빨을 가져 상대의 숨통을 단번에 끊어놓지요. 거기에 짧은 몸통에 비해 다리가 길고 허리가 가늘어 달리기 솜씨도 빼어납니다. 시속 50킬로미터, 빠르면 60~70킬로미터를 훌쩍 넘긴다고 하지요. 다만 한 번에 전속력으로 달리는 거리는 100~200미터 밖에 되지 않습니다. 그런데 사자는 암컷이 대부분의 사냥을 담당합니다. 수컷은 무리를 이끌어 자신의 영역을 지키면서 암사자가 잡아온 먹이로 배를 채우지요. 하나의 사자 무리에 완전히 성장한 수사자는 한 마리뿐으로, 만약 다른 수사자가 나타나 기존의 수사자를 물리치면 그 새끼들까지 모조리 물어 죽인다고 합니다. 따라서 수사자의 용맹함은 사냥보다 다른 수사자와 경쟁할 때 나타나게 되지요. 평소 우두머리 수사자는 게으름을 피우며 낮잠을 자기 일쑤입니다. 사자는 수컷의 몸집이 암컷보다 훨씬 큽니다. 게다가 풍성한 갈기까지 나 있어 위압감이 더하지요. 하지만 수사자의 수명은 9~11년으로, 11~16년 정도인 암컷보다 짧습니다.

기본정보

분포지 아프리카 중남부 및 인도 일부 지역
크 기 몸길이 150~250센티미터, 몸무게 100~230킬로그램
먹 이 가젤, 임팔라, 영양, 사슴, 얼룩말, 멧돼지, 물소 등

마사이사자

흔히 아프리카사자라고 하면 마사이사자를 가리킵니다. '동아프리카사자'라고도 하지요. 수컷은 몸길이 180~250센티미터, 몸무게 170~250킬로그램에 달하는 당당한 몸집을 자랑합니다. 거기에 꼬리 길이가 약 100센티미터나 되지요. 암컷은 수컷보다 작아서 몸길이 150~180센티미터, 몸무게 120~160킬로그램 정도입니다. 꼬리 길이는 70~80센티미터쯤 되고요. 그럼에도 마사이사자는 사자 종류 가운데 중형에 속하지요. 마사이사자의 주요 분포지는 아프리카 동부의 에티오피아, 케냐, 탄자니아 등입니다. 케냐 남동부에 대규모 자연국립공원인 차보국립공원이 있는데, 특별히 그곳에 서식하는 마사이사자를 일컬어 '차보사자'라고 부르기도 합니다. 마사이사자는 몸통이 짧고 다리가 길며 배가 홀쭉해 빨리 달리기에 적합한 신체 구조를 갖고 있습니다. 사자는 고양이과로 분류되는데, 거기에 속하는 여느 동물처럼 주로 밤에 먹이 활동을 하지요.

마사이사자의 주요 먹잇감은 가젤, 누, 임팔라, 일런드, 겜스복, 쿠두, 멧돼지, 얼룩말. 아프리카물소 등입니다. 기린과 하마의 새끼도 잡아먹지요.

기본정보

- **분포지** 아프리카 동부의 에티오피아, 케냐, 탄자니아 등
- **크 기** 몸길이 150~250센티미터, 몸무게 120~250킬로그램
- **먹 이** 가젤, 누, 임팔라, 일런드, 겜스복, 멧돼지, 얼룩말. 아프리카물소 등

아시아사자

'인도사자', '페르시아사자'라고도 합니다. 옛날에는 이란, 이라크, 터키, 인도, 파키스탄, 방글라데시, 예멘 등에 널리 분포했지요. 하지만 지금은 인도의 한 자연국립공원에 수백 마리가 살고 있을 뿐입니다. 인간의 사냥과 생태계 파괴가 불러온 안타까운 현실이지요. 아시아사자는 아프리카사자에 비해 몸집이 작습니다. 수컷은 몸길이 170~210센티미터에 몸무게 160~210 킬로그램, 암컷은 몸길이 140~170센티미터에 몸무게 110~140킬로그램 정도지요. 꼬리 길이는 각각 80~95센티미터쯤 되고요. 아시아사자의 주요 먹잇감은 멧돼지, 아시아물소, 사슴, 영양 등입니다. 사자는 대부분 무리지어 생활하지요. 성숙한 수컷 1마리가 10마리 정도의 암컷과 여러 마리의 새끼들을 거느립니다. 그런데 사냥을 담당하는 것은 암사자들입니다. 수사자는 거의 하루 종일 쉬거나 자면서 암사자가 잡은 먹이를 포식하지요. 암사자와 새끼들은 조금이라도 더 먹기 위해 경쟁하지만, 수사자의 몫은 항상 보장되어 있습니다.

참고로, 먹잇감을 쫓을 때 사자의 달리기 속도는 시속 50~80킬로미터에 달합니다.

기본정보

- **분포지** 이란, 이라크, 터키, 인도, 파키스탄, 방글라데시, 예멘 등
- **크 기** 몸길이 140~210센티미터, 몸무게 110~210킬로그램
- **먹 이** 멧돼지, 아시아물소, 사슴, 영양 등

케이프사자

야생에서 케이프사자는 멸종됐습니다. 1865년, 남아프리카공화국 나탈주에서 마지막 개체가 발견되었지요. 지금은 러시아의 동물원 등에서 약간의 개체를 사육해 겨우 명맥을 유지하고 있을 뿐입니다. 인간이 거의 멸종시켜놓고, 다시 인간의 힘으로 간신히 종을 보존하고 있는 셈이지요. 케이프사자는 몸집이 큰 대형 종으로 알려져 있습니다. 수컷의 몸길이가 230~280센티미터나 됐지요. 몸무게도 250킬로그램이 넘는 경우가 많았고요. 암컷도 몸길이 160~200센티미터에 몸무게가 130~170킬로그램에 달했습니다. 겉모습의 특징으로는 가슴의 털이 짧다는 점과 귀 쪽에 검은색 털이 난 것을 이야기할 수 있지요.

물론 여느 사자들처럼 전체적인 몸 색깔은 황갈색이나 회갈색이고요. 케이프사자는 주로 남아프리카공화국에 분포했습니다. 주요 먹잇감은 영양, 물소, 임팔라, 사슴 등이었지요. 번식기의 암컷은 평균 100일 안팎의 임신 기간을 거쳐 2~6마리의 새끼를 낳았습니다. 흔히 사자의 새끼는 2살쯤부터 무리에서 독립하지요.

기본정보

- **분포지** 남아프리카공화국
- **크 기** 몸길이 160~280센티미터, 몸무게 130~270킬로그램
- **먹 이** 영양, 물소, 임팔라, 사슴 등

바바리사자

'아틀라스사자', '누비아사자'라고도 합니다. 로마시대에 콜로세움에서 검투사들과 싸움을 벌이는 데 이용되었던 사자입니다. 또한 1994년 제작된 영화 〈라이언 킹〉에 등장하는 주인공 심바도 바바리사자라고 하지요. 바바리사자는 주로 북아프리카에 분포했습니다. 야생에서는 1922년 모로코에서 마지막 개체가 사살된 후 멸종된 것으로 알려졌지요. 지금은 몇몇 동물원에서 바바리사자의 후손으로 추정되는 개체들이 사육되고 있을 뿐입니다. 바바라사자는 수컷의 경우 몸길이가 270~330센티미터에 달했던 대형 종입니다. 몸무게도 220~290킬로그램이나 됐지요. 암컷은 그보다 조금 작았지만, 마사이사자나 아시아사자와는 비교가 되지 않는 몸집입니다. 털 색깔 역시 검은빛을 띠는 황갈색이라 더욱 강인한 인상을 갖게 했지요. 게다가 가슴부터 배까지 갈기처럼 긴 털이 이어져 다른 동물들에게 위압감을 주기에 충분했습니다.

주요 먹잇감은 가젤, 사슴, 영양, 물소 등이었지요. 번식기의 암컷은 100일 남짓한 임신 기간을 거쳐 3~4마리의 새끼를 낳았습니다.

기본정보

- **분포지** 북아프리카
- **크 기** 몸길이 200~330센티미터, 몸무게 150~290킬로그램
- **먹 이** 가젤, 사슴, 영양, 물소 등

카탕카사자

'서남아프리카사자', '앙골라사자'라고도 합니다. 카탕카사자라는 이름은 아프리카 콩고민주공화국의 카탕카 지방에서 이 사자가 처음 확인되어 붙여졌지요. 일부 학자들은 이 사자를 마사이사자와 같은 아종으로 구분하기도 합니다. 카탕카사자는 수컷의 몸길이가 170~230센티미터, 몸무게는 140~240킬로그램 정도입니다. 암컷은 몸길이가 160~190센티미터, 몸무게는 110~170킬로그램이지요. 거기에 더해 꼬리 길이가 각각 70~100센티미터쯤 됩니다. 겉모습의 특징으로는 털 색깔이 여느 사자들보다 밝은 황갈색이라는 점을 들 수 있습니다. 카탕카사자의 분포지는 서남아프리카의 콩고민주공화국, 나미비아, 앙골라, 바브웨, 잠비아 등입니다. 우두머리 수컷을 중심으로 보통 10~30마리가 집단생활을 하지요. 주요 먹잇감은 얼룩말, 영양, 물소, 멧돼지, 기린 등입니다.

평균 수명은 자연 상태에서 10~15년으로 알려져 있지요. 번식기의 암컷은 한배에 2~4마리의 새끼를 낳습니다.

기본정보

- **분포지** 콩고민주공화국, 나미비아, 앙골라, 짐바브웨, 잠비아 등
- **크 기** 몸길이 160~230센티미터, 몸무게 110~240킬로그램
- **먹 이** 얼룩말, 영양, 물소, 멧돼지, 기린 등

북동부콩고사자

일반적으로 사자의 아종은 11종으로 구분합니다. 각 아종마다 몸집이 다르고, 털 색깔이나 털 길이에 조금씩 차이가 있지요. 북동부콩고사자는 갈기의 길이가 짧다는 특징이 있습니다. 지금은 인간의 무분별한 사냥과 서식지 파괴로 그 수가 크게 줄어들었지요. 앞으로 적극적인 보호 대책이 없으면, 케이프사자나 바바리사자처럼 멸종 위기에 처할지 모릅니다. 북동부콩고사자는 수컷의 몸길이가 170~210센티미터, 몸무게는 140~220킬로그램입니다. 꼬리 길이는 90센티미터 정도고요. 그에 비해 암컷은 몸길이가 150~180센티미터, 몸무게는 120~170킬로그램이지요. 꼬리 길이는 85센티미터 안팎이고요. 마사이사자보다 조금 작거나 비슷한 몸집입니다.

이름에서 알 수 있듯 북동부콩고사자의 주요 분포지는 콩고민주공화국의 북동부 지역입니다. 숲보다 건조한 평원을 좋아하지요. 여느 사자들처럼 영양, 얼룩말, 물소, 임팔라, 멧돼지, 기린 등을 먹이로 삼습니다. 사자는 발이 크고 두꺼운데다 갈고리 모양의 날카로운 발톱이 있어 먹잇감이 되는 초식동물에 치명상을 입히지요.

기본정보

- **분포지**: 콩고민주공화국의 북동부 지역
- **크기**: 몸길이 150~210센티미터, 몸무게 120~220킬로그램
- **먹이**: 영양, 얼룩말, 물소, 임팔라, 멧돼지, 기린 등

세네갈사자

'서아프리카사자'라고도 합니다. 세네갈, 나이지리아, 중앙아프리카공화국 등에 분포하지요. 그 중에서도 세네갈에 서식하는 개체 수가 가장 많아 세네갈사자라는 이름을 얻게 됐습니다. 그러나 요즘 세네갈사자는 여느 아종과 마찬가지로 그 수가 크게 줄어들었습니다. 2012년만 해도 2천300마리 안팎이었던 것이 근래 들어서는 300~400마리밖에 남지 않았지요. 그것은 서아프리카사자가 가장 번성했을 때와 비교해 1.1퍼센트에 불과한 개체 수입니다. 학자들은 서아프리카사자가 동아프리카와 남아프리카에 서식하는 사자보다 더 심각한 멸종 위기에 처해 있다고 주장하지요.

세네갈사자의 수컷은 몸길이가 270~290센티미터 정도 됩니다. 몸무게는 220~250킬로그램이고요. 암컷은 그보다 몸길이가 짧고, 몸무게도 적게 나가지요. 특히 세네갈사자의 수컷은 여느 사자들과 다른 특징이 있는데, 갈기의 색깔에 붉은빛이 강하게 돈다는 점입니다. 주요 먹이는 얼룩말, 영양, 물소, 멧돼지, 기린 등이지요.

기본정보

- **분포지** 세네갈, 나이지리아, 중앙아프리카공화국 등
- **크 기** 몸길이 180~290센티미터, 몸무게 140~250킬로그램
- **먹 이** 얼룩말, 영양, 물소, 멧돼지, 기린 등

트란스발사자

'남아프리카사자'라고도 합니다. 사자의 11가지 아종 가운데 하나지요. 아프리카 동남부의 트란스발 지역에 주로 분포합니다. 현재 남아프리카 공화국에 위치한 지역으로, 그곳의 크루거자연국립공원에 서식하지요. 학자들에 따라서는 케이프사자와 같은 아종으로 보는 견해도 있습니다. 트란스발사자의 수컷은 몸길이 180~240센티미터, 몸무게 150~250킬로그램입니다.

암컷은 몸길이 150~190센티미터, 몸무게 110~180킬로그램 정도지요. 수컷의 갈기가 여느 사자들에 비해 길고 풍성한 특징이 있습니다. 바바리사자와 더불어 사자 중에서도 매우 용맹한 성격을 가진 것으로 알려져 있지요. 트란스발사자는 야생에서 종종 털 색깔이 하얀 백사자를 낳는다고 합니다. 하지만 그런 개체는 일반적인 사자의 수명을 다하지 못하고 죽는 경우가 많지요. 자연의 색채와 너무 달라 어렸을 때부터 적이나 먹잇감의 눈에 잘 띄기 때문입니다. 주요 먹이는 영양, 물소, 임팔라, 사슴 등입니다.

기본정보

- **분포지**: 아프리카 동남부의 트란스발 지역
- **크 기**: 몸길이 150~240센티미터, 몸무게 110~250킬로그램
- **먹 이**: 영양, 물소, 임팔라, 사슴 등

모스바흐사자

아주 오래 전에 멸종한 사자의 아종입니다. 지금으로부터 약 70만 년 전부터 30만 년 전까지 유라시아 대륙에 존재했지요. 유럽 곳곳에서 화석이 발견됐는데, 그 중 한 곳인 독일의 모스바흐라는 지명에서 이름이 유래했습니다. 오늘날 우리가 보는 모스바흐사자의 모습은 화석에 기초해 복원한 형상입니다. 뼈의 생김새가 이러하니, 아마도 이런 모습이 아니었을까 상상한 것이지요. 학자들은 모스바흐사자의 몸길이가 250센티미터 안팎이었을 것으로 추측합니다. 몸무게는 250~300킬로그램쯤 되었을 것으로 보고요. 역시 화석으로 발견되는 아메리카사자와 비슷하게 몸집이 큰 사자였습니다. 모스바흐사자가 존재했던 시기를 신생대 플라이스토세라고 합니다.

그 시기에는 매머드 같은 대형 동물을 비롯해 원시 형태의 들소, 곰, 늑대, 나무늘보 등이 살았지요. 따라서 모스바흐는 그런 포유동물을 잡아먹으며 생존했을 것으로 짐작됩니다. 그리고 플라이스토세에 나타난 급격한 기후 변화 탓에 여러 동물과 함께 멸종하고 말았지요.

기본정보

- **분포지**: 플라이스토세의 유라시아 대륙
- **크 기**: 몸길이 250센티미터 안팎, 몸무게 250~300킬로그램
- **먹 이**: 원시 형태의 들소, 곰, 늑대, 나무늘보 등

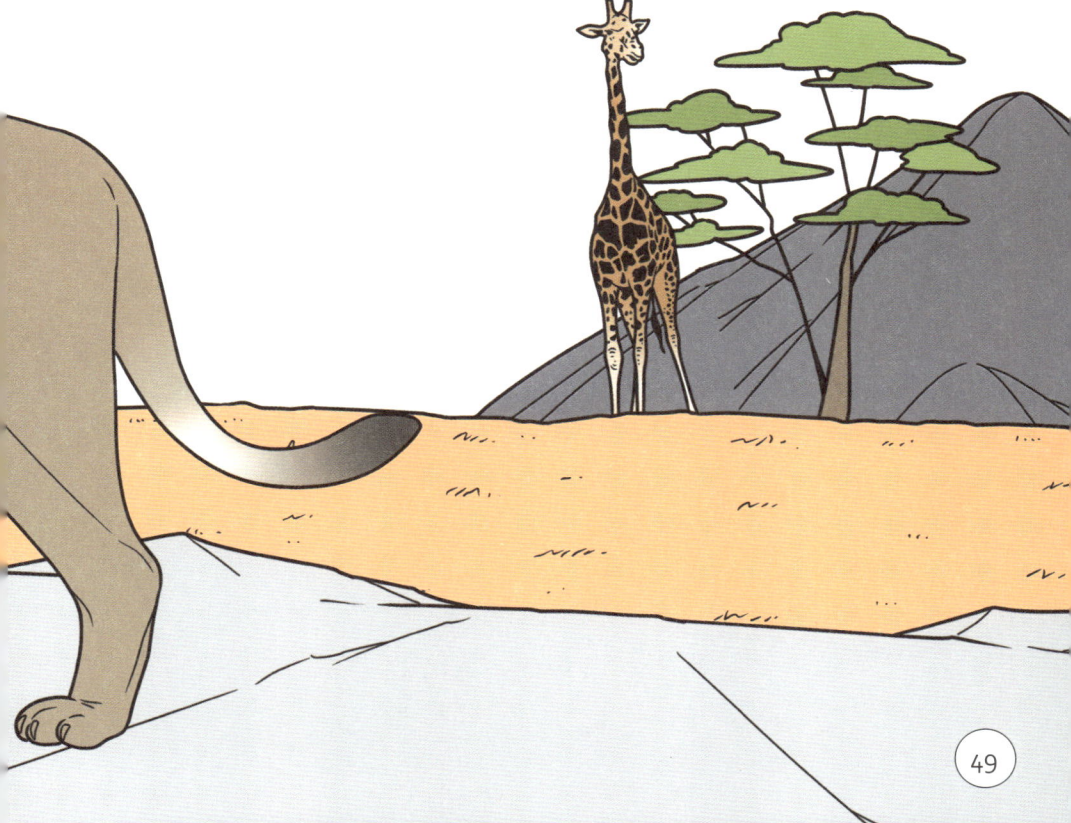

동굴사자

고대 플라이스토세에 살았던 고양이과 동물입니다. 학자들에 따라 사자의 아종이라는 주장과, 사자와는 전혀 별개의 종이라는 견해가 있지요. 오히려 지금의 호랑이와 가까운 동물이라는 의견도 있습니다. 동굴사자는 당시 아시아, 유럽, 북아메리카 지역에 분포했습니다. 매머드 같은 대형 동물의 새끼나 원시 형태의 포유동물을 잡아먹으며 생존했지요. 그 후 급격한 기후 변화에 따라 먹잇감이 줄어들면서 멸종했을 것으로 추측됩니다. 동굴사자를 화석에 기초해 연구한 결과, 몸길이가 320~350 센티미터 정도 되었을 것으로 분석합니다. 몸무게는 300 킬로그램 안팎이었을 것으로 짐작되고요. 보통 10~30 마리씩 무리지어 생활하는 오늘날의 사자와 다르게 단독 생활을 했을 것으로 보입니다.

2000년대 들어, 시베리아 지역에서 몇 차례 동굴사자의 미라가 발견되어 화제를 불러일으킨 적이 있습니다. 어쩌면 머지않아 현대 과학의 뛰어난 기술로 동굴사자를 복원해낼지 모를 일입니다.

기본정보

- **분포지**: 플라이스토세의 아시아, 유럽, 북아메리카
- **크 기**: 몸길이 320~350센티미터, 몸무게 300킬로그램 안팎
- **먹 이**: 원시 형태의 들소, 사슴, 늑대, 말을 비롯해 매머드 새끼 등

여우

개과의 포유동물입니다. 아시아, 유럽, 북아메리카, 북아프리카 등에 분포합니다. 과거 우리나라에도 널리 분포했으나, 남한의 경우 지금은 거의 자취를 감추었습니다. 그래서 우리나라에서는 여우를 멸종 위기 야생동물 1급으로 지정해놓고 종 복원을 위해 노력하고 있지요. 여우는 주로 산림과 초원 지대에 서식하는데, 사막이나 설원 등 열악한 환경에서도 남다른 적응력을 보입니다. 여우의 크기는 몸길이 60~90센티미터, 몸무게 5~10킬로그램 정도입니다. 그 밖에 꼬리가 35~60센티미터에 이를 만큼 길지요. 개와 비교해 다리는 조금 짧은 편이며, 주둥이가 갸름하고, 큼지막한 삼각형 귀가 곧게 서 있습니다. 털 색깔은 전체적으로 적갈색이나 황갈색을 띠지만 배 부분에는 하얀 털이 많지요. 여우는 주로 굴을 은신처 삼아 생활합니다. 번식기 외에 수컷은 단독 생활을 하고, 암컷은 가족 단위로 군집 생활을 하지요.

주요 먹이는 쥐, 토끼, 조류, 물고기, 개구리, 뱀, 새알 등 동물성입니다. 여우의 임신 기간은 50~60일이며, 한배에 4~7마리의 새끼를 낳지요.

기본정보

- **분포지**: 아시아, 유럽, 북아메리카, 북아프리카 등
- **크 기**: 몸길이 60~90센티미터, 몸무게 5~10킬로그램
- **먹 이**: 쥐, 토끼, 조류, 물고기, 개구리, 뱀, 새알 등

붉은여우

북아메리카 남부, 유라시아 북부, 아프리카 북부, 아이슬란드, 오스트레일리아 등에 분포하는 포유동물입니다. 서식 지역에 따라 몸집 차이가 크지요. 일반적으로 꼬리를 포함한 몸길이가 90~150센티미터, 몸무게는 7~10킬로그램 정도 됩니다. 북아메리카 지역 개체가 유라시아 지역 개체보다 작은 편이지요. 붉은여우는 몸 색깔이 다양합니다. 대개 갈색이나 환한 붉은색이지만 은빛, 검은빛, 오렌지빛을 띠기도 하지요. 주둥이가 갸름하고 몸매가 날렵하며, 삼각형 모양의 귀가 큰 편입니다. 몸과 비교해 다리 쪽의 털 색깔이 어둡고, 꼬리에는 풍성하게 털이 덮여 있지요. 붉은여우는 단독 생활을 하거나 암수 한 쌍이 짝을 이루어 새끼들과 무리를 이룹니다. 흔히 한 번 짝을 지으면 암수가 평생 함께한다고 알려져 있지요.

땅속에 굴을 파서 보금자리를 만들며, 번식기에 5마리 안팎의 새끼를 낳습니다. 주요 먹이는 들쥐, 토끼, 꿩, 도마뱀 등이지요. 때로는 식물의 열매 등을 먹기도 합니다.

기본정보

- **분포지** 북아메리카 남부, 유라시아 북부, 아프리카 북부, 아이슬란드, 오스트레일리아 등
- **크 기** 몸길이 90~150센티미터, 몸무게 7~10킬로그램
- **먹 이** 몸길이 90~150센티미터, 몸무게 7~10킬로그램

마블여우

붉은여우 종에 속합니다. 마블여우는 날렵한 주둥이에 큰 귀, 동그란 눈을 갖고 있어 매우 귀여운 모습이지요. 몸매도 날씬한데다 꼬리의 풍성한 털이 단박에 눈길을 사로잡습니다. 그래서 애완동물로 키우는 경우가 늘어나고 있지요. 원래 마블여우의 주요 서식지는 북아메리카와 유럽, 아프리카 일부 지역이지만 지금은 세계 각지에서 사육되고 있습니다. 마블여우는 꼬리를 포함한 몸길이 80~130센티미터에, 몸무게는 6~9킬로그램 정도입니다. 털 색깔은 전체적으로 붉은색이 감도는 개체와 흰색 털로 덮인 개체가 대부분이지요. 흰색 털인 경우도 이마와 꼬리, 귀 등에 잿빛 털이나 갈색 털이 섞여 있는 개체가 많습니다. 마블여우는 야생 환경에서 설치류와 조류, 파충류 등을 즐겨 잡아먹습니다. 평균 수명은 6~15년으로 알려져 있지요. 하지만 야생에서는 6~8년 이상 생존하는 것이 쉽지 않습니다.

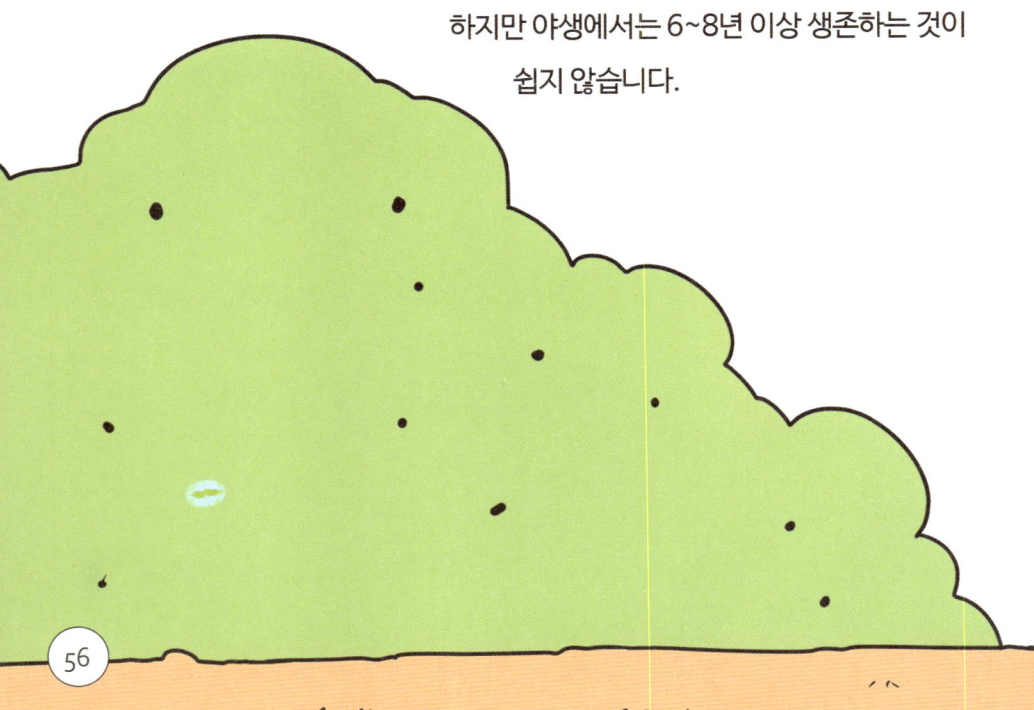

먹이 경쟁이 치열하고 여우보다 몸집이 큰 육식동물도 많기 때문이지요. 번식기의 암컷은 한배에 4~6마리의 새끼를 낳습니다.

기본정보

- **분포지** 북아메리카와 유럽, 아프리카 일부 지역 등
- **크 기** 몸길이 80~130센티미터, 몸무게 6~9킬로그램
- **먹 이** 설치류와 조류, 파충류 등

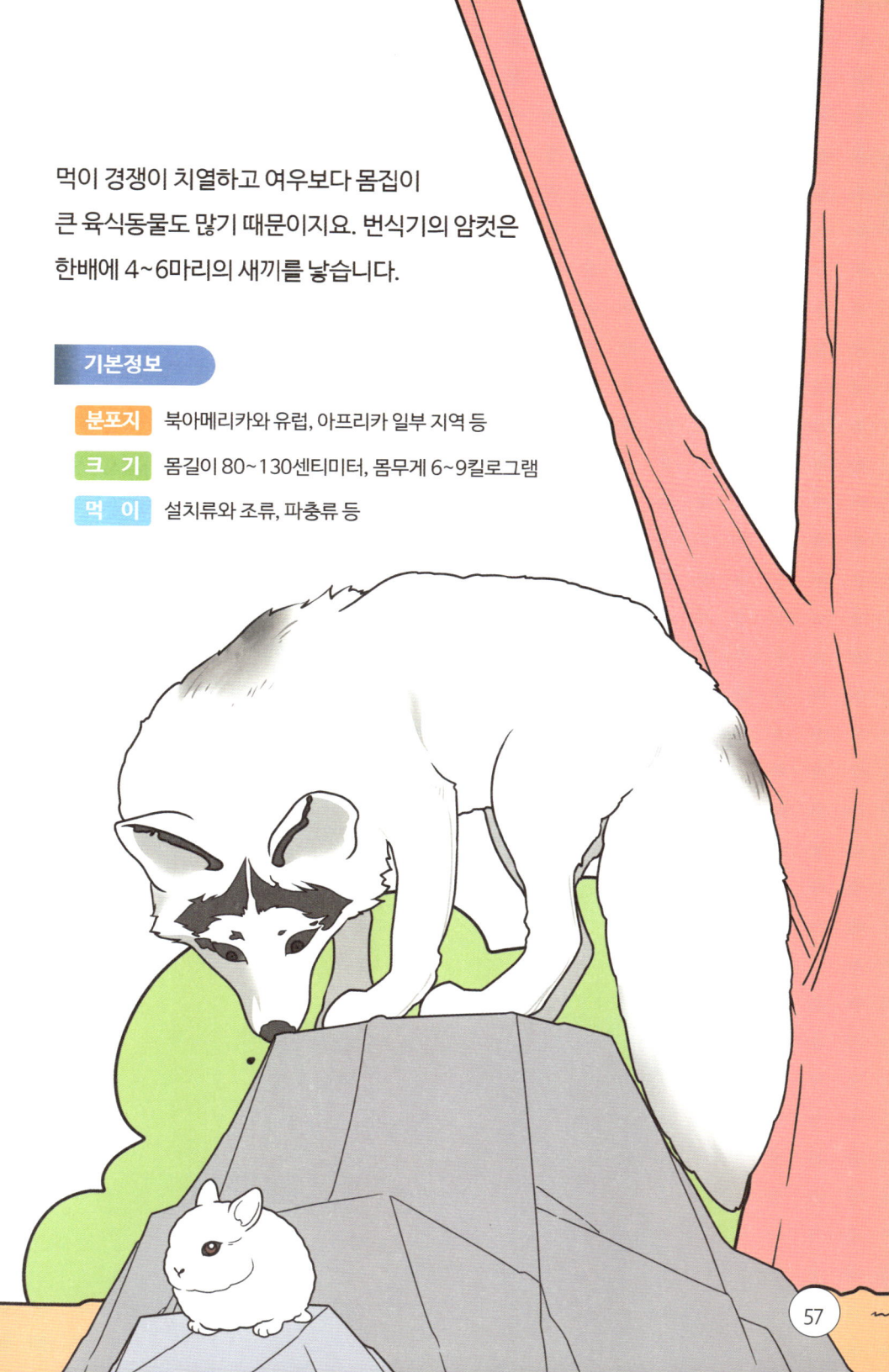

회색여우

회색여우는 여느 여우 종에 비해 몸집이 조금 작은 편입니다. 꼬리를 포함한 몸길이 65~110센티미터, 몸무게는 3~6킬로그램 정도지요. 일반적으로 수컷이 암컷보다 약간 큽니다. 이 여우는 대부분 등의 털 색깔이 잿빛이고, 배 부분은 흰색, 다리는 황갈색을 나타내지요. 특히 등에서 꼬리까지 이어진 검은 줄이 눈에 띕니다. 또한 발톱이 튼튼해 나무를 잘 타서 '나무여우'라고 불리기도 합니다. 그런 능력은 천적을 피하거나, 이따금 나무 열매를 따먹는 데 도움이 되지요. 회색여우는 캐나다 남부부터 미국 전역에 이르는 북아메리카와 중앙아메리카, 그리고 남아메리카의 콜롬비아, 베네수엘라 등에 분포합니다. 주로 낮에 먹이 활동을 하는데 쥐, 다람쥐, 토끼, 새 등을 즐겨 사냥하지요. 가끔 곤충을 잡아먹기도 합니다.

회색여우는 나무 구멍이나 바위 틈, 다른 동물이 파놓은 굴 등에 보금자리를 만듭니다. 가족 단위로 무리지어 생활하며, 번식기의 암컷은 한배에 4~5마리의 새끼를 낳지요.

기본정보

- **분포지** 북아메리카, 중앙아메리카, 남아메리카의 콜롬비아와 베네수엘라 등
- **크 기** 몸길이 65~110센티미터, 몸무게 3~6킬로그램
- **먹 이** 쥐, 다람쥐, 토끼, 새, 곤충, 나무 열매 등

은여우

붉은여우의 변종입니다. 털 색깔이 은백색, 청회색, 잿빛을 띠지요. 그 빛깔이 아름다워 모피를 얻기 위해 사육하는 여우의 대부분이 은여우라고 합니다. 유럽과 중국 등을 중심으로 은여우의 모피가 비싼 값에 거래되지요. 하지만 요즘은 동물 모피를 사용하는 것을 비판하는 목소리가 점점 커지고 있습니다. 은여우는 꼬리를 포함한 몸길이가 80~140센티미터 정도입니다. 몸무게는 4~10킬로그램이고요. 주요 분포지는 북아메리카, 유럽, 아시아, 아프리카 일부 지역이지요. 서식지에 따라 몸집에 차이가 있는데, 유럽 지역 개체가 북아메리카 지역 개체보다 커다랗습니다. 은여우는 보통 무리 생활을 합니다. 수컷 한 마리에 1~2마리의 암컷, 여러 마리의 새끼들로 가족이 구성되지요. 주로 육식을 즐겨 쥐, 토끼, 새, 너구리 등을 잡아먹습니다. 환경 적응력이 뛰어나고, 하룻밤에도 10킬로미터 안팎을 이동할 만큼 활동력이 강하지요.

번식기의 암컷은 한배에 4~5마리의 새끼를 낳습니다.

기본정보

- 분포지: 북아메리카, 유럽, 아시아, 아프리카 일부 지역
- 크 기: 몸길이 80~140센티미터, 몸무게 4~10킬로그램
- 먹 이: 쥐, 토끼, 새, 너구리 등

북극여우

북극 지방에 서식하는 여우입니다. 유라시아 대륙 북부, 알래스카, 그린란드 등에 분포하지요. 계절에 따라 털갈이를 하는 유일한 개과 동물로 알려져 있습니다. 몸 색깔이 여름에는 회갈색이지만, 겨울에는 흰색으로 바뀌지요. 그것은 눈 덮인 환경에 적응해온 결과물입니다. 먹이 활동을 하거나 천적을 피할 때 보호색 역할을 하니까요. 북극여우는 꼬리를 포함해 65~90센티미터의 몸길이를 지녔습니다. 몸무게는 3~8킬로그램 정도지요. 붉은여우 등과는 겉모습에 차이가 있는데, 머리와 주둥이가 좀 뭉툭해 보입니다. 또한 귀가 작고 다리도 짧은 편이지요. 몸통의 털은 아주 빽빽하게 나 있고요. 그런 신체의 특징은 추위를 견디는 데 유리하게 진화한 것입니다. 이 여우는 무려 영하 80도에도 살아남을 수 있다고 하지요.

북극여우는 레밍 같은 설치류와 조류, 새알, 물고기 등을 즐겨 사냥합니다. 게다가 동물의 사체와 다른 포식자가 남긴 찌꺼기까지 마다하지 않고 먹어치우지요. 사냥감이 부족한 북극권에서 살아가는 탓에 먹이를 가리지 않는 것입니다.

기본정보

- **분포지** 유라시아 대륙 북부, 알래스카, 그린란드 등
- **크 기** 몸길이 65~90센티미터, 몸무게 3~8킬로그램
- **먹 이** 설치류, 조류, 새알, 물고기, 동물의 사체 등

크로스여우

붉은여우의 변종으로, 검은색 털이 많이 섞인 종입니다. 잿빛을 띠는 은여우보다는 개체 수가 많지요. 오래 전부터 사람들이 모피를 얻을 목적으로 사냥하거나 사육해온 여우입니다. 하지만 은여우에 비해 모피 가치는 높게 평가받지 못하지요. 크로스여우는 캐나다를 비롯한 북아메리카 북부와 스칸디나비아 지역에 주로 분포합니다. 붉은여우와 비교해 꼬리털과 다리 아래쪽 털이 더 풍성하지요. 그 밖의 겉모습은 붉은여우와 거의 비슷합니다. 주둥이가 갸름하고 귀가 크며, 몸매가 날렵하지요. 전체적으로 적갈색과 검은색 털이 뒤섞인 점이 가장 큰 특징입니다. 크로스여우의 몸길이는 90~150센티미터, 몸무게는 7~10킬로그램 정도입니다. 주요 먹이도 설치류와 조류, 물고기 등 여느 여우와 차이가 없지요. 다만 상대적으로 추운 지방에 서식하기 때문에 나무 열매나 곤충 대신 동물성 먹이를 즐겨 먹습니다. 번식기의 암컷은 한배에 4~6마리의 새끼를 낳습니다.

기본정보

- **분포지**: 북아메리카 북부와 스칸디나비아 지역 등
- **크 기**: 몸길이 90~150센티미터, 몸무게 7~10킬로그램
- **먹 이**: 설치류, 조류, 새알, 물고기 등

티베트여우

'티베트모래여우' 또는 '모래여우'라고도 합니다. 주요 분포지는 네팔, 인도, 중국이지요. 특히 티베트고원을 중심으로 서식합니다. 나무가 드문 초원 지대나 반사막 지역에서 자주 목격되지요. 티베트여우의 몸길이는 85~110센티미터, 몸무게는 4~7킬로그램 정도입니다. 머리와 등은 황갈색, 옆구리와 엉덩이 쪽은 옅은 잿빛 털로 덮여 있습니다. 다리의 털 색깔은 황갈색이고요. 티베트여우는 갸름한 주둥이와 별로 크지 않은 귀를 가졌습니다. 여느 여우에 비해 이빨이 크고 송곳니가 발달한 점이 눈에 띄지요.

티베트여우는 단독 생활을 하다가 짝짓기를 하고 나면 가족이 무리를 이룹니다. 번식기의 암컷은 한배에 2~5마리의 새끼를 낳지요. 북극여우 못지않게 추위에 대한 적응력도 뛰어나다고 합니다.

기본정보

- **분포지** 티베트고원을 중심으로 한 네팔, 인도, 중국.
- **크 기** 몸길이 85~110센티미터, 몸무게 4~7킬로그램
- **먹 이** 마멋, 쥐, 토끼, 새, 도마뱀, 동물의 사체 등

페넥여우

귀가 매우 돋보이는 여우입니다. 꼬리를 포함한 몸길이 45~65센티미터, 몸무게 1~1.5킬로그램 정도로 몸집이 작지요. 그런데 귀가 몸 전체 표면적의 20퍼센트를 차지할 만큼 큽니다. 길이만 해도 10센티미터 안팎이지요. 그처럼 커다란 귀는 몸의 열을 식히는 데 도움이 됩니다. 이 여우의 주요 서식지가 이집트, 모로코, 니제르, 쿠웨이트, 이라크 등의 모래사막이므로 그와 같은 모습으로 진화해온 것이지요. 그 밖에 페넥여우는 물 없이도 오랫동안 생존하는 능력을 지녔습니다.

또한 점프력이 뛰어나고, 굴을 아주 잘 파지요. 그런 점도 모두 사막 생활에 적합한 특징입니다. 페넥여우는 잡식성이라 동물성 먹이와 식물성 먹이를 가리지 않습니다. 주로 밤에 먹이 활동을 하는데 쥐, 도마뱀, 새, 새알, 곤충을 비롯해 식물의 열매와 뿌리 등을 즐겨 먹지요. 페넥여우는 가족 단위로 무리 지어 생활하며 깊은 굴속에 보금자리를 만듭니다. 번식기의 암컷은 한배에 2~5마리의 새끼를 낳지요. 털 색깔은 대부분 밝은 황갈색입니다.

기본정보

- **분포지** 이집트, 모로코, 니제르, 쿠웨이트, 이라크 등
- **크 기** 몸길이 45~65센티미터, 몸무게 1~1.5킬로그램
- **먹 이** 쥐, 도마뱀, 새, 새알, 곤충, 식물의 열매와 뿌리 등

벵골여우

인도, 방글라데시, 파키스탄, 네팔 등에 분포하는 여우입니다. '인도여우'라고도 하지요. 키 작은 식물이 드문드문 자라나는 초원이나 반사막 지역에 주로 서식합니다. 몸 색깔은 대부분 은빛이 도는 황갈색이나 적갈색, 은회색이지요. 몸길이는 꼬리를 포함해 70~100센티미터, 몸무게는 1.6~3.5킬로그램 정도입니다. 벵골여우는 야행성이라, 낮에는 보금자리로 만든 굴속에서 지내는 시간이 많습니다. 쥐, 도마뱀, 새, 새알, 곤충을 비롯해 식물의 열매 등을 가리지 않고 잘 먹지요. 가족 단위의 집단생활을 하는데, 번식기의 암컷은 한배에 3~5마리의 새끼를 낳습니다. 상대적으로 먹잇감이 풍부해지는 봄철에 새끼를 출산하지요. 임신 기간은 50일 안팎입니다.

최근 들어 벵갈여우는 개체 수가 부쩍 줄어들었습니다. 그 이유는 인간의 무분별한 포획 때문이데, 단순한 사냥 대상이거나 민간요법의 약재로 쓰인다고 합니다.

기본정보

- **분포지** 인도, 방글라데시, 파키스탄, 네팔 등
- **크 기** 몸길이 70~100센티미터, 몸무게 1.6~3.5킬로그램
- **먹 이** 쥐, 도마뱀, 새, 새알, 곤충, 식물의 열매 등

사막여우

'페넥여우'라고 부르기도 합니다. 몸집에 비해 귀가 크며, 몸 전체에 길고 부드러운 털이 덮여 있지요. 발바닥에도 털이 나 있습니다. 그와 같은 특징 덕분에 이 동물은 사막 지대에서 살아가기 적합합니다. 큰 귀는 뜨거운 사막에서 몸의 열을 배출하는 데 도움이 되고, 온몸의 털은 낮과 밤의 기온 차가 심한 환경에서 체온을 유지하게 해주지요. 발바닥의 털은 사막에서 움직일 때 발이 모래에 빠지는 것을 막아줍니다. 사막여우의 털 색깔은 옅은 갈색입니다. 거기에 회색빛이나 붉은빛이 감돌기도 하지요. 아담한 머리에 주둥이가 뾰족하며, 털에 덮여 두툼한 꼬리가 눈에 띕니다. 사막여우는 야행성 동물로 10마리 정도가 무리를 지어 생활합니다.

깊게 굴을 파서 보금자리를 만들고, 도마뱀 같은 작은 동물이나 곤충 등을 잡아먹지요. 식물의 열매를 먹기도 합니다. 사막여우는 경계심이 많고 움직임이 재빨라 좀처럼 천적에게 잡히지 않습니다. 특히 모래밭에 몇 미터씩 굴을 파는 솜씨가 탁월해 '모래 속으로 가라앉는 것 같다.'라는 말을 들을 정도지요. 사막여우의 수명은 13~14년으로 알려져 있습니다.

기본정보

- **분포지** 아프리카와 중동의 사막 지대
- **크 기** 몸길이 33~40센티미터 및 꼬리길이 18~25센티미터, 몸무게 1~1.5킬로그램
- **먹 이** 도마뱀, 쥐, 곤충, 새, 새알, 과일 등

코사크여우

전체적인 모습이 붉은여우와 닮았지만, 신체 비율에 차이가 있습니다. 붉은여우보다 다리가 길고 귀도 더 크지요. 주둥이와 꼬리는 상대적으로 짧은 편입니다. 털 색깔은 회색을 기본으로 붉은빛을 띠는데, 붉은여우보다 밝은 느낌을 갖게 하지요. 코사크여우는 아프가니스탄, 이란, 몽골, 인도, 러시아, 카자흐스탄, 우즈베키스탄, 투르크메니스탄, 중국 등에 널리 분포합니다. 나무가 우거진 숲보다는 중간 크기 이하의 나무들이 드문드문 자라는 초원이나 반사막 지역에 주로 서식하지요. 가족 단위 집단생활을 하는데, 스스로 굴을 파기보다는 다른 동물이 파놓은 굴에 들어가 살기를 좋아합니다. 한낮보다는 새벽이나 해질녘에 먹이 활동을 하면서 쥐, 토끼, 도마뱀, 곤충 등을 잡아먹지요. 코사크여우의 몸길이는 꼬리를 포함해 75~90센티미터입니다.

몸무게는 2~4킬로그램 정도 되고요. 번식기의 암컷은 한배에 2~6마리의 새끼를 낳습니다.

기본정보

- **분포지** 아프가니스탄, 몽골, 인도, 카자흐스탄, 우즈베키스탄, 중국 등
- **크 기** 몸길이 75~90센티미터, 몸무게 2~4킬로그램
- **먹 이** 쥐, 토끼, 도마뱀, 곤충 등

유라시아늑대

회색늑대의 일종입니다. '유럽늑대'라고도 불리는데, 유럽이나 영어권 국가에서 늑대를 이야기할 때는 보통 이 종을 가리킵니다. 과거 이 늑대는 이름에서 알 수 있듯 유럽에서부터 시베리아까지 폭넓게 분포했지요. 하지만 19세기 이후 멸종 위기에 처했다가, 여러 나라의 다양한 보호 정책에 힘입어 근래 들어 개체 수가 다시 늘어나고 있습니다. 유라시아늑대는 회색늑대 부류 중 몸집이 큰 편입니다. 몸길이 1~1.6미터, 몸무게 35~75킬로그램 정도 되지요. 온몸에는 전체적으로 거친 황갈색과 잿빛 털이 덮여 있으며, 배와 다리 등 일부에 흰색 털이 나 있습니다. 머리나 등에 검은 털이 섞여 있기도 하고요. 유라시아늑대는 여느 늑대처럼 하울링을 하는데, 그 소리가 강하고 좀 더 길게 이어지는 특징이 있지요..

그 밖에 크고 단단한 머리와 쫑긋 선 삼각형 귀, 근육질 다리, 털에 덮인 길고 두툼한 꼬리도 눈에 띕니다. 야생의 유라시아늑대는 맹수다운 사냥 실력을 자랑합니다. 산양, 노루, 사슴 등을 비롯해 멧돼지나 유럽들소처럼 힘이 센 동물도 여러 마리가 힘을 모아 거뜬히 잡아먹지요.

기본정보

- **분포지** 유라시아 대륙
- **크 기** 몸길이 1~1.6미터, 몸무게 35~75킬로그램
- **먹 이** 산양, 노루, 사슴, 멧돼지, 유럽들소 등

코요테

'프레리울프'라고도 합니다. 얼핏 비슷한 생김새를 가진 말승냥이에 비해 몸집이 작지요. 몸길이 75~120센티미터, 몸무게 7~20킬로그램 정도입니다. 주둥이가 여우처럼 갸름하며, 10센티미터가 훌쩍 넘을 만큼 귀가 크고, 두툼한 꼬리가 기다랗게 늘어져 있지요. 이 동물은 보통 몸길이 절반쯤 되는 길이의 꼬리를 갖고 있습니다. 털 색깔은 대부분 잿빛과 황갈색이 섞인 모습이며, 털끝이 검은빛을 띠지요. 번식기의 암컷은 약 2달의 임신 기간을 거쳐 3~6마리의 새끼를 낳습니다. 평균 수명은 15년 안팎이고요. 코요테는 알래스카와 캐나다, 미국 같은 북아메리카를 중심으로 멕시코 등 일부 중앙아메리카 지역까지 널리 분포합니다. 숲과 초원에 서식하며 단독 생활을 하거나 작은 무리를 이루지요. 몸집이 크지 않은 코요테는 매우 민첩한 동물입니다. 시속 60킬로미터가 넘는 속력으로 내달리며 먹이 활동을 하지요.

주요 먹이는 토끼, 쥐, 새 등 작은 동물입니다. 때로는 사람들의 마을로 내려와 닭이나 염소 등을 잡아먹기도 하지요. 청각과 후각 같은 감각 기관이 발달해 사냥에 큰 도움이 됩니다.

기본정보

- **분포지** 알래스카, 캐나다, 미국, 멕시코 등
- **크 기** 몸길이 75~120센티미터, 몸무게 7~20킬로그램
- **먹 이** 토끼, 쥐, 새, 닭, 염소 등

말승냥이

'회색늑대', '팀버늑대'라고도 합니다. 북아메리카와 유라시아 대륙을 중심으로 분포하지요. 겉모습이 코요테나 자칼과 닮았지만 몸집이 더 큽니다. 몸길이 1~1.5미터, 몸무게 36~45킬로그램 정도 되지요. 이 동물은 얼핏 개와도 비슷해 보이는데, 말승냥이의 머리가 더 크고 가슴이 좁습니다. 아울러 긴 다리와 커다란 발, 곧게 선 귀, 일자로 늘어진 꼬리를 갖고 있지요. 개와 비교해 넓은 입과 더 크고 날카로운 송곳니 역시 눈에 띕니다. 털 색깔은 잿빛이 우세하며, 서식 지역과 기후에 따라 좀 더 다양한 색을 띕니다.

말승냥이는 단독 생활을 하거나, 새끼를 낳은 후 암수가 가족 단위로 움직입니다. 이따금 몇 가족이 함께 먹이 활동을 할 때도 있지요. 주로 산림 지대에 서식하면서 수풀이 우거진 곳이나 동굴 등에 보금자리를 만듭니다. 말승냥이의 주요 먹이는 사슴, 토끼, 수달, 조류 등이지요. 그런데 야생에 먹잇감이 부족하면 인가로 내려와 소와 양 같은 가축을 잡아먹기도 합니다.

기본정보

- **분포지** 북아메리카와 유라시아 대륙 등
- **크 기** 몸길이 1~1.5미터, 몸무게 36~45킬로그램
- **먹 이** 사슴, 토끼, 수달, 조류, 소, 양 등

백두산호랑이

6종의 호랑이 아종 가운데 시베리아호랑이를 일컫는 다른 이름입니다. 옛날에는 시베리아호랑이와 별개의 아종으로 분류하기도 했으나, 요즘은 같은 아종으로 보는 것이 정설이지요. 따라서 백두산호랑이는 특별히 한반도 부근에 서식하는 시베리아호랑이를 가리키는 것이라고 이해하면 됩니다. '한국호랑이'라고 부르기도 하지요. 백두산호랑이는 몸집이 육중하고 머리가 크며, 다리가 굵고, 둥그스름한 형태의 작은 귀를 갖고 있습니다. 어깨 근육이 발달해 앞발로 먹잇감을 후려치는 힘이 매우 강하지요. 시베리아호랑이 중에서는 몸집이 조금 작은 편이지만 용맹한 기질은 어느 지역의 호랑이보다 뛰어납니다. 수컷의 경우 이마 한가운데 난 검은 줄무늬가 임금 왕(王)자처럼 보이기도 하지요.

백두산호랑이는 그와 같은 화려한 외모와 강인한 기질 때문에 예로부터 다양한 예술 작품의 소재가 되기도 했습니다. 백두산호랑이는 당연히 한반도에 서식하는 포유동물을 먹잇감으로 삼았습니다. 주로 멧돼지, 노루, 토끼, 여우 등을 잡아먹었지요. 지금은 개체 수가 별로 없어 안타까울 따름입니다. 동물의 사체 등을 가리지 않고 잘 먹지요. 번식기의 암컷은 한배에 1~3마리의 새끼를 낳습니다.

기본정보

- **분포지** 한반도 부근
- **크 기** 몸길이 190~400센티미터, 몸무게 100~360킬로그램
- **먹 이** 멧돼지, 노루, 토끼, 여우 등

시베리아호랑이

멸종되지 않은 6종의 호랑이 아종 가운데 몸집이 가장 큽니다. '아무르호랑이', '동북호랑이', '백두산호랑이' 등으로도 불리지요. 수컷의 몸길이가 보통 270~400센티미터, 몸무게는 160~360킬로그램에 달합니다. 암컷도 몸길이 190~280센티미터에, 몸무게가 100~200킬로그램 정도 되지요. 털 색깔은 동남아시아 지역에 사는 호랑이 아종에 비해 옅은 황갈색을 띱니다.

배 부분의 흰색 털은 좀 더 넓게 나 있고요. 시베리아호랑이는 아무르분지에서 시베리아, 만주, 백두산 부근에 분포합니다. 삼림 지대에 서식하며, 번식기를 제외하고는 단독 생활을 하지요. 주로 밤에 먹이 활동을 하면서 멧돼지, 오소리, 토끼, 삵, 곰 등을 잡아먹습니다. 번식기의 암컷은 약 100일의 임신 기간을 거쳐 2~5마리의 새끼를 낳지요. 평균 수명은 15~20년입니다. 과거 1900년 무렵만 해도 한반도에서는 심심치 않게 시베리아호랑이를 볼 수 있었습니다. 하지만 일제강점기를 거치면서 무분별한 포획이 이루어져 거의 자취를 감추었지요. 남한에서는 1920년대 이후 목격되지 않았습니다.

기본정보

- **분포지** 아무르분지, 시베리아, 만주, 백두산 등
- **크 기** 몸길이 190~400센티미터, 몸무게 100~360킬로그램
- **먹 이** 멧돼지, 오소리, 토끼, 삵, 곰 등

수마트라호랑이

'인도네시아호랑이'라고도 합니다. 수마트라섬에만 분포하지요. 인도네시아 정부는 자연국립공원을 조성해 보호 정책을 펼치는데, 현재 500마리 안팎의 수마트라호랑이가 야생에 생존해 있다고 합니다. 물론 여러 나라 동물원에서도 수백 마리의 수마트라호랑이를 키우고 있지요. 하지만 모두 더해봤자 1천 마리가 채 되지 않으므로 좀 더 많은 관심을 기울여야 할 상황입니다. 수마트라호랑이는 열대우림 지역에 서식하는 아종답게 털 색깔이 적갈색에 가깝습니다. 배 부분의 흰색 털도 노르스름한 빛을 띠지요. 검은 줄무늬의 폭과 간격도 시베리아호랑이에 비해 좁습니다. 몸집도 작은 편으로 수컷의 경우 몸길이 200~260센티미터, 몸무게 90~160킬로그램 정도지요. 암컷은 몸길이 130~180센티미터, 몸무게 60~90킬로그램이고요. 또한 호랑이가 대부분 그렇듯 수마트라호랑이 역시 수영 솜씨가 아주 빼어납니다.

수마트라호랑이 암컷은 번식기에 1~4마리의 새끼를 낳습니다. 새끼는 2년쯤 후에 어미로부터 독립하지요. 주요 먹이는 사슴, 산양, 멧돼지, 원숭이, 물고기 등입니다.

기본정보

- **분포지** 인도네시아 수마트라
- **크 기** 몸길이 130~260센티미터, 몸무게 60~160킬로그램
- **먹 이** 사슴, 산양, 멧돼지, 원숭이, 물고기 등

벵골호랑이

'인도호랑이'라고도 합니다. 인도를 비롯해 네팔, 방글라데시, 인도네시아, 미얀마 등에 분포하지요. 하지만 최근 들어 인도네시아와 미얀마 등에서는 그 모습을 찾아보기 어렵습니다. 현재 전체 개체 수는 4천 마리 안팎이 남아 있는 것으로 파악되지요. 벵골호랑이의 털 색깔은 수마트라호랑이처럼 황갈색보다 적갈색에 가깝습니다. 수컷의 몸길이는 240~350센티미터, 몸무게는 140~300킬로그램이지요. 암컷은 160~220센티미터, 몸무게 70~110킬로그램 정도입니다. 몸집이 시베리아호랑이보다는 작고, 수마트라호랑이보다는 크지요. 벵골호랑이는 주로 해가 지고 나서부터 새벽까지 활발히 먹이 활동을 합니다. 번식기가 아니면 단독생활을 하지요. 주요 먹이는 물소, 사슴, 멧돼지 등이며 종종 파충류를 잡아먹기도 합니다.

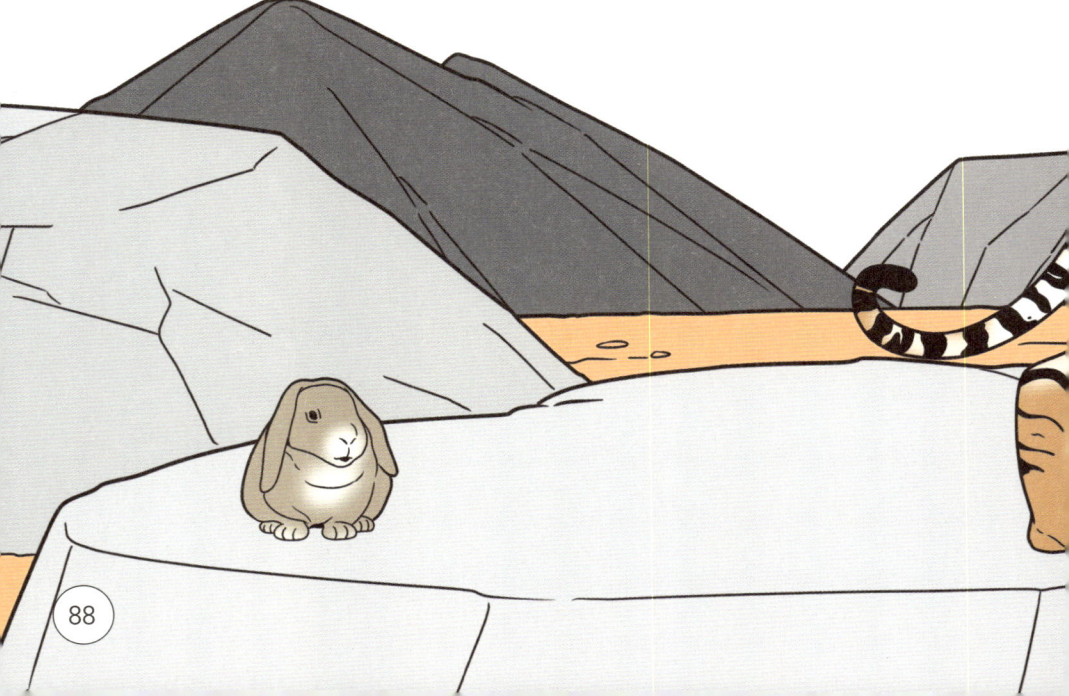

번식기의 암컷은 100일 남짓한 임신 기간을 거쳐 한배에 1~3마리의 새끼를 낳습니다. 새끼는 1년 6개월~2년 후 독립해 스스로 먹이 활동을 하지요. 평균 수명은 15~20년으로 알려져 있습니다.

기본정보

- **분포지** 인도, 네팔, 방글라데시 등
- **크 기** 몸길이 160~350센티미터, 몸무게 70~300킬로그램
- **먹 이** 물소, 사슴, 멧돼지, 파충류 등

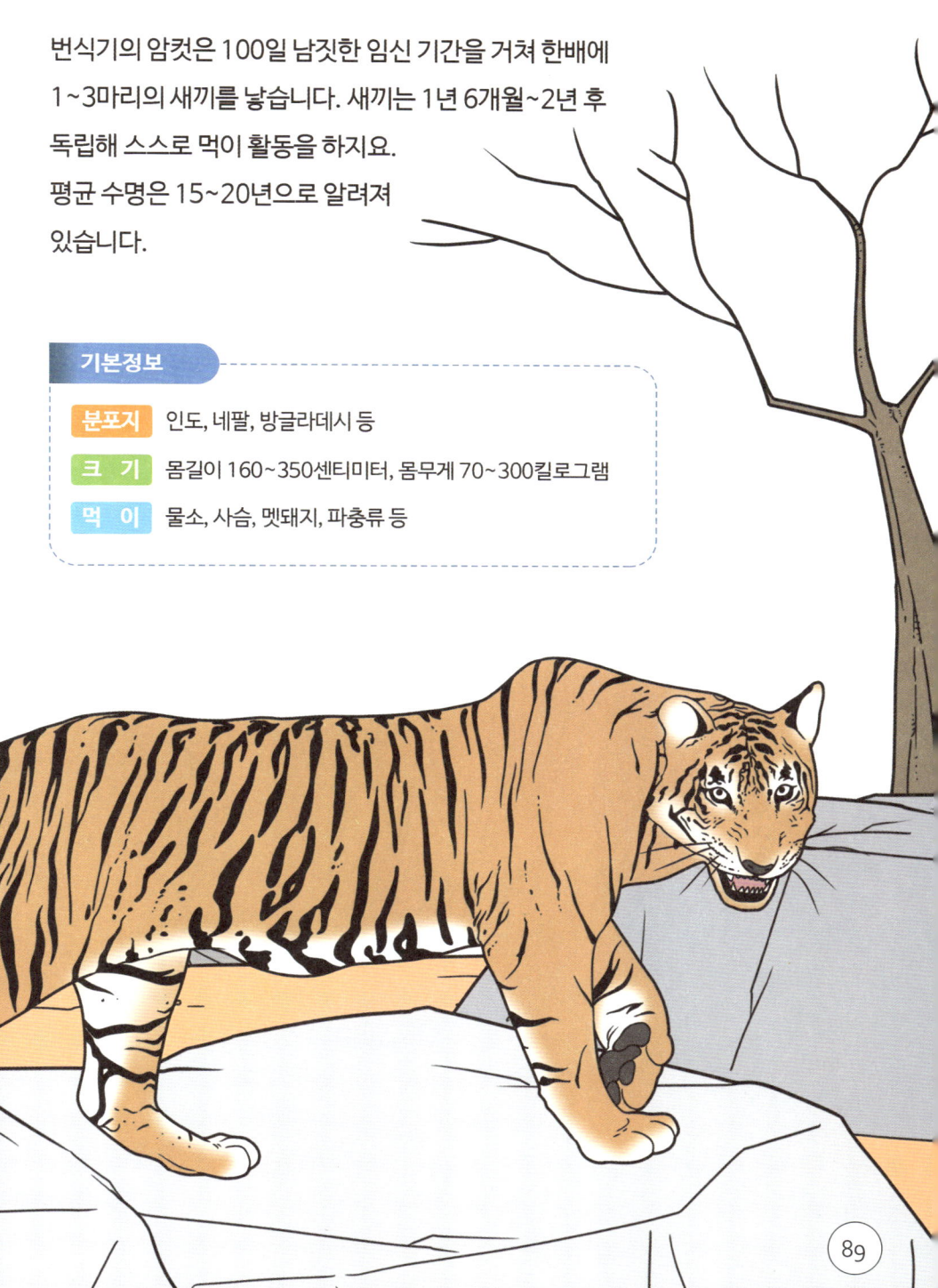

말레이호랑이

6종의 호랑이 아종 가운데 하나입니다. 벵골호랑이 다음으로 개체 수가 많이 남아 있지요. 그럼에도 다른 아종들처럼 멸종 위기에 놓여 있는 안타까운 현실은 똑같습니다. 오늘날 말레이시아 국장에는 2마리의 말레이호랑이가 그려져 있습니다. 국장이란, 한 국가를 대표하는 공식적인 휘장을 가리키지요. 그만큼 말레이호랑이의 위상이 대단하다는 것을 의미합니다. 다시 말해 말레이호랑이가 말레이시아를 상징하는 셈이지요.

말레이호랑이는 말레이시아를 비롯해 태국, 미얀마, 중국, 베트남, 라오스 등에 분포합니다. 수컷의 몸길이가 230~290센티미터, 몸무게는 100~200킬로그램 정도지요. 암컷은 몸길이 150~200센티미터, 몸무게 70~100킬로그램이고요. 벵골호랑이보다 털 색깔의 농도가 진하고, 검은 줄무늬의 폭이 좁습니다. 말레이호랑이는 여느 호랑이처럼 야행성 동물입니다. 주로 해가 지고 나서부터 먹이 활동을 해 멧돼지, 들소, 사슴, 말레이곰 등을 잡아먹지요. 번식기의 암컷은 한배에 1~3마리의 새끼를 낳아 1년 6개월 정도 보살핍니다. 평균 수명은 15~20년이지요.

기본정보

- **분포지** 말레이시아, 태국, 미얀마, 중국, 베트남, 라오스 등
- **크 기** 몸길이 150~290센티미터, 몸무게 70~200킬로그램
- **먹 이** 멧돼지, 들소, 사슴, 말레이곰 등

아모이호랑이

'남중국호랑이'라고도 합니다. 주로 중국 양자강 남쪽에 분포하지요. 숲이 우거진 삼림 지역에 서식합니다. 한때 중국 정부에서 사람에게 해를 끼치는 유해 동물로 지정해 대규모로 사살한 결과, 지금은 개체 수가 수십 마리에 불과할 만큼 멸종 위기에 놓여 있습니다. 아모이호랑이의 수컷은 몸길이 220~270센티미터, 몸무게 100~180킬로그램 정도입니다. 암컷은 몸길이가 150~200센티미터, 몸무게는 70~110킬로그램이고요. 전체적인 겉모습과 습성은 여느 호랑이와 비슷하지만, 특별히 점프력이 뛰어난 것으로 알려져 있습니다. 또한 몸통의 검은 줄무늬가 다른 호랑이 아종에 비해 폭이 좁고 넓은 간격으로 나 있지요. 털 색깔도 적갈색보다는 황갈색에 가깝고요.

아모이호랑이는 하룻밤에도 수십 킬로미터를 오가며 먹잇감을 찾습니다. 멧돼지, 노루, 사슴, 스라소니, 너구리 등을 즐겨 잡아먹지요. 번식기의 암컷은 100일 남짓한 임신 기간을 거쳐 1~4마리의 새끼를 낳습니다.

기본정보

- **분포지** 분포지 - 중국 양자강 남부 지역
- **크 기** 몸길이 150~270센티미터, 몸무게 70~180킬로그램
- **먹 이** 멧돼지, 노루, 사슴, 스라소니, 너구리 등

인도차이나호랑이

한때 말레이호랑이와 같은 아종으로 분류됐던 호랑이입니다. 2004년부터 별개의 아종으로 인정받았지요. 인도차이나란, 동남아시아의 대륙부를 차지하는 큰 반도를 일컫습니다. 따라서 이름에서 짐작되듯 베트남, 라오스, 캄보디아, 태국, 미얀마, 중국 남부 등에 주로 분포하지요. 깊은 산속이나 구릉지에 서식합니다. 인도차이나호랑이의 수컷은 몸길이가 250~290센티미터, 몸무게는 100~190킬로그램입니다. 암컷은 몸길이 200~250센티미터, 몸무게 80~100킬로그램 정도지요. 주로 해가 지고 나서부터 새벽까지 먹이 활동을 하며 물소, 멧돼지, 사슴 등을 즐겨 잡아먹습니다. 여느 동남아시아 쪽 호랑이들이 그렇듯 털 색깔은 짙은 적갈색을 띠지요. 검은 줄무늬도 좁은 간격으로 촘촘히 나 있는 편입니다.

인도차이나호랑이의 번식 역시 여느 호랑이와 다르지 않습니다. 암컷은 100일 남짓한 임신 기간을 거쳐 1~3마리의 새끼를 낳지요. 평균 수명도 15~20년입니다.

기본정보

- **분포지** 베트남, 라오스, 캄보디아, 태국, 미얀마, 중국 남부 등
- **크 기** 몸길이 200~290센티미터, 몸무게 80~190킬로그램
- **먹 이** 물소, 멧돼지, 사슴 등

발리호랑이

발리호랑이, 자바호랑이, 카스피호랑이를 일컫는 3종의 멸종종 중 하나입니다. 인도네시아 발리섬에 살았던 호랑이지요. 이 호랑이가 멸종한 이유 역시 인간의 오만 때문입니다. 무분별하게 사냥해 1937년 이후 개체가 발견되지 않고 있지요. 오늘날 남한 지역에서 백두산호랑이가 사라진 것과 그 원인이 비슷합니다. 발리호랑이는 평균적인 몸길이가 수컷의 경우 200센티미터 안팎으로 알려져 있습니다. 몸무게는 90~140킬로그램 정도였고요. 암컷은 그보다 더 작았을 테니, 여러 호랑이 아종 가운데 몸집이 작은 편이었습니다. 수마트라호랑이보다도 꽤 작았지요.

발리호랑이 역시 야행성 습성은 다른 호랑이 아종과 같았습니다. 주로 발리섬에 서식하는 멧돼지, 사슴, 물소 등을 잡아먹었지요. 번식 습성과 평균 수명도 비슷했고요. 다만 인간의 남획 탓에 멸종한 것입니다.

기본정보

- **분포지** 인도네시아 발리섬
- **크 기** 몸길이 120~230센티미터, 몸무게 60~140킬로그램
- **먹 이** 멧돼지, 사슴, 물소 등

자바호랑이

현재 멸종된 호랑이 아종 중 하나입니다. 인도네시아 자바섬에 분포했던 호랑이지요. 18~19세기만 해도 자바섬 전역에 널리 서식했지만 개체 수가 점점 줄어들더니, 1980년대에 완전히 멸종된 것으로 알려졌습니다. 서식 환경의 파괴와 무분별한 포획이 원인이지요. 자바호랑이는 여느 호랑이와 비교해 몸집이 작은 편입니다. 발리호랑이보다 조금 컸기 때문에 수컷 기준으로 몸길이가 200~250센티미터, 몸무게는 90~150킬로그램 정도였지요. 암컷은 그보다 작아 몸길이 120~180센티미터, 몸무게 70~110킬로그램이었습니다. 털 색깔은 수마트라호랑이와 비슷한 적갈색에 가까웠지요. 배 부분도 흰색 털이라기보다는 노르스름한 빛을 띠는 털 색깔이었고요. 자바호랑이는 먹잇감을 무는 힘과 앞발의 힘이 덩치에 비해 강했다고 합니다. 물소의 다리뼈를 한 방에 부러뜨릴 정도였지요.

그런 힘으로 사슴, 멧돼지, 물소 등을 사냥해 먹었습니다. 그 밖에 이따금 파충류와 조류를 잡아먹기도 했고요.

기본정보

- **분포지** 인도네시아 자바섬
- **크 기** 몸길이 120~250센티미터, 몸무게 70~150킬로그램
- **먹 이** 사슴, 멧돼지, 물소, 파충류, 조류 등

카스피호랑이

'페르시아호랑이'라고도 합니다. 아시아 북서부와 유럽 사이에 카스피해라는 거대한 호수가 있는데, 그곳의 드넓은 남쪽 지역을 비롯해 중국 서부와 아프카니스탄 등에 분포했지요. 지금은 발리호랑이, 자바호랑이와 함께 멸종된 호랑이 아종 중 하나입니다. 카스피호랑이는 고대 로마시대에 검투사들의 용맹을 증명하는 도구로 이용되기도 했습니다. 그 이유는 여느 호랑이와 비교해 덩치가 크고 사나웠기 때문이지요. 수컷은 몸길이 270~320센티미터에, 몸무게가 170~270킬로그램이나 되었다고 합니다. 암컷은 몸길이 170~210센티미터, 몸무게 80~120킬로그램이었고요. 그 정도면 시베리아호랑이보다는 작지만 벵골호랑이와 비슷해 보이는 크기지요.

카스피호랑이는 수풀과 갈대 등이 우거진 숲속에 살면서 멧돼지, 산양, 들소, 사슴, 노루 등을 주로 잡아먹었습니다. 하지만 사람들이 숲을 개간하고 초식동물을 사냥하면서 먹잇감이 빠르게 줄어들었지요. 게다가 군대까지 동원한 무분별한 포획 탓에, 1970년대 들어 카스피호랑이는 완전히 멸종되었습니다.

기본정보

- **분포지** 카스피해 남쪽 지역, 중국 서부, 아프카니스탄 등
- **크 기** 몸길이 170~320센티미터, 몸무게 80~270킬로그램
- **먹 이** 멧돼지, 산양, 들소, 사슴, 노루 등

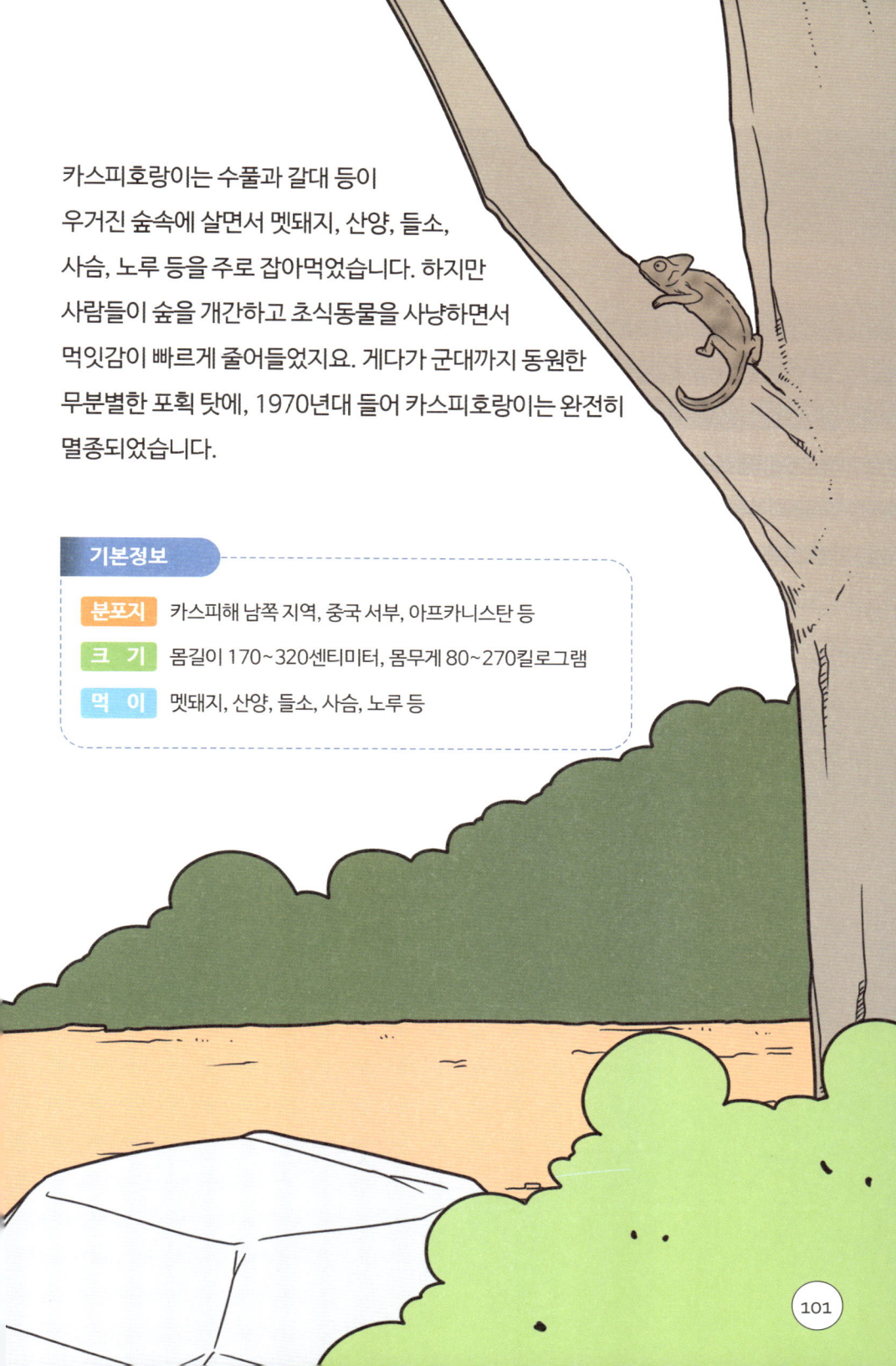

검치호랑이

북아메리카 지역에 번성했던 맹수예요. 공룡이 살았던 중생대에도 있었지만 공룡 멸종 이후에 번성했을 것으로 보여요. 크기는 오늘날의 사자와 비슷하고 검치호(saber-toothed tiger)라고도 부른답니다. 생김새는 현재의 호랑이나 고양이와 비슷하지만 호랑이보다 훨씬 강한 이빨과 턱을 가졌어요. 송곳니의 길이가 18~20cm나 되며 악관절이 특이해 입을 120도까지 벌리는게 가능했대요.

몸집이 자기보다 훨씬 큰 매머드 같은 대형 초식동물도 사냥했지만 달리기가 빠르지 않아 주로 무리지어 공격했을 것으로 보여요. 스밀로돈은 '칼이빨'이라는 뜻이랍니다.

기본정보

- **분포지** 북아메리카 지역
- **크 기** 몸길이 300센티미터, 몸무게 400킬로그램
- **먹 이** 육식성(대형 초식공룡)

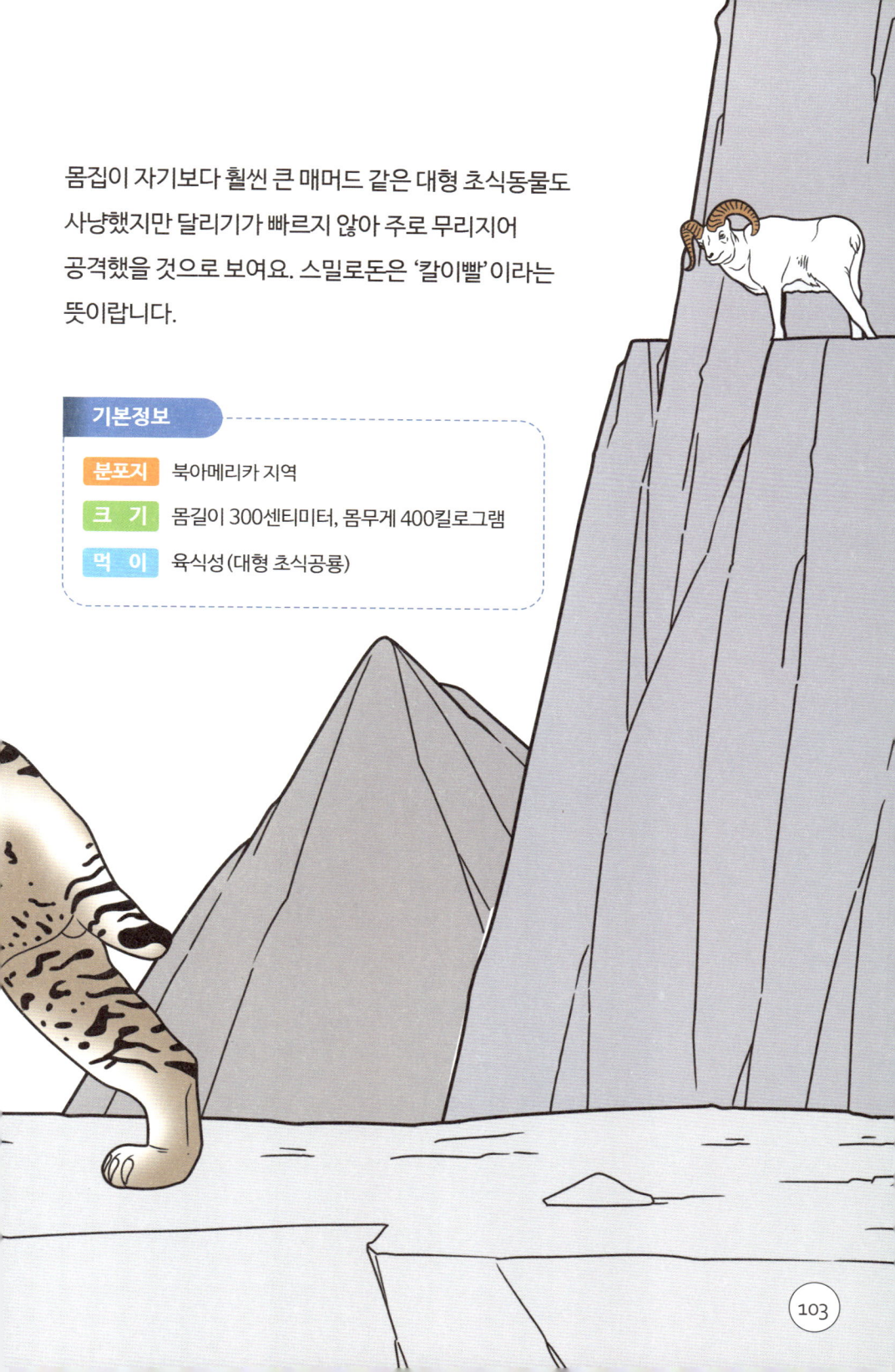

신기하고 재밌는
맹수도감

초판 인쇄 2022년 3월 15일
초판 발행 2022년 3월 20일

펴낸이 진수진
펴낸곳 에듀버스

주소 경기도 고양시 일산서구 대산로 53
출판등록 2013년 5월 30일 제2013-000078호
전화 031-911-3416
팩스 031-911-3417
전자우편 meko7@paran.com

* 본 도서는 무단 복제 및 전재를 법으로 금합니다.
* 가격은 표지 뒷면에 표기되어 있습니다.